달달한 밤
난 별일 없이 산다

지은이 | 이승현
발행인 | 정영욱
기　획 | (주)BOOKRUM
디자인 | 이승현
발행처 | 문득 출판사

주　소 | 서울특별시 서초구 서초대로 78길 50, LS-729호
전　화 | 02-6959-9998
이메일 | ceo@bookrum.co.kr

www.bookrum.co.kr

Copyright ⓒ 2018 by 이승현
※이 책은 저작권법에 따라 보호받는 저작물이므로 무단전재와 무단복제를 금지합니다.
※이 책 내용의 전부 또는 일부를 이용하려면 반드시 저작권자와 (주)BOOKRUM의 서면 동의를 받아야합니다.

달달한 밤
난 별일 없이 산다

이승현

아직은 아기별인 _____ 에게

지금 이 순간 행복하세요?
하고 싶은 일을 하며 사세요. 순간의 선택이 후회되지 않도록
저자가 세상의 모든 피터와 서울이를 응원합니다.

Contents

작가의 말

1부 / 별 볼 일 없는 나날들 ──────── 13p

그렇게 난 어른이 됐다	15
처음	22
엄마	23
퇴근길	24
등급	25
피터의 꿈	26
어마어마한 현실	44
당신을 그립니다	45
성급한 일반화의 오류	46
길	52
어른들의 이별법	54
나는 당신을 앓았습니다	58
문득	59
짝사랑	60

2부 / 별일 있는 나날들 ──────── 79p

연애의 시작	80
이별의 시작	81
삼십 세 1	82
삼십 세 2	88
익숙함	98

삶	99
희영	100
무소유	106
내 손에 하나 들린 걸작(傑作)	107
돈이 죄고	112
세상에서 가장 대단한 것	113
인생의 맛	114
우울	115
좋은 사람	116
내일	118
녹아	119
자연스레	120
한계	121
이별 후	122
이해	123
자존감 도둑	124
실패	127
관계	128
이별	129
낭비	130
반응	131
세상에서 가장 가벼운 것	132
붙이지 못할 편지	133
내내	134
my self	135
생채기	136
찰나의 순간	137
머지않아	138

청춘	139
연극이 끝난 뒤	140
외로움	141
행복	142
고비	143
삶	144
사랑의 시작은 나를 사랑하는 것부터	145
모순	146
현실	147
살포시	148
요리조리	149
한순간	152
말도 없이	153
눈으로 말해요	154
그대로	155
알 수 없는 인생	156
8282	157
당신의 직업은 뭐예요?	158

Thanks to

에필로그

작가의 말

저는 원고를 쓰면서 수없이 고민했고 수많은 밤을 지새우며 오로지 작업에 집중했습니다. 그중 가장 기억에 남는 것은 그렇게 난 어른이 됐다, 피터의 꿈, 삼십 세, 짝사랑이라는 글입니다. 저는 열심히 취재하고 내내 고민한 끝에 책의 첫 장에 등장하는 주인공 경수 이야기를 풀어쓸 수 있게 됐습니다. 그의 삶이 유독 슬프게 느껴지는 까닭은 그가 누구보다 치열하게 살았기 때문입니다.

제가 여기서 말하고 싶은 바는 잘 나가는 형제들의 삶이 멋지다거나 성공했다는 것이 절대 아닙니다. 행복의 기준은 엄연히 사람마다 다르고, 사람마다 제 그릇 크기 또한 다릅니다. 경수가 학벌, 명예, 돈 등 가진 것은 조금 부족하지만, 매일매일 더 치열하게 사는 까닭은 그가 성공하지 못했기 때문이 아니라 잘나가는 형제들과는 삶의 목표, 즉, 가치관이 달라서가 아닐까요? 사람마다 개개인에게 주어진 길은 다 다른 것이니까요. 경수가 형제들과는 다른 삶을 선택해서 행복하게 잘 살고 있듯이. 행복의 기준은 오로지 본인 스스로가 정하는 것입니다.

두 번째 피터의 꿈이라는 글은 지금 당장은 부족할지라도, 언젠가는 될 거라는 신념을 가진 피터의 이야기입니다. 요즘 꿈을 이루기 위해 두 가지 이상 아르바이트를 하면서 자신의 꿈을 키우는 분들이 참 많은 것 같습니다. 저 또한 그랬듯이. 살기도 참 팍팍한데 무슨 꿈 타령이야? 라고 하시는 분들도 계시겠지만 피터처럼 계속 포기하지 않고 꾸준히 당근과 채찍질하며 노력한다면 조금 더디 되더라도, 언젠가는 꼭 될 것입니다.

세 번째 삼십 세라는 글은 정말 많이 고민하며 썼던 글입니다. 남녀의 대조되는 상황과 심리 표현부터 숱한 밤을 지새우며 썼다 지웠다 여러 차례 반복했습니다. 이 글에서도 잘 나와 있듯이, 사람들은 나이가 들면 더 현명해지고 잘 선택하고, 좀 더 안정적일 거라고 생각합니다. 하지만 나이가 들어도 여전히 현명하기는커녕 선택은 늘 어렵고, 아는 것이 늘어난 만큼 고민은 배로 많아졌습니다. 만약, 살다가 혼자 감당하기 힘든 어려운 상황과 마주하게 된다면 타인에게 조언이나 충고는 들을 수 있지만, 선택은 오로지 당신 스스로 하라는 얘기를 이 글을 통해 꼭 하고 싶었습니다.

네 번째 짝사랑이라는 글은 말 그대로 짝사랑 이야기입니다. 서울은 수현을 좋아하지만 차마 좋아한다고 말할 용기가 없었고, 자신의 상처에 갇혀 수현이 자신을 좋아할 리 없다고 생각하는 다소 소심한 인물입니다. 제가 짝사랑이라는 글을 통해 말하고 싶은 바는 순간의 선택이 정말 중요하다는 것입니다. 찰나의 순간이 왔을 때, 어리석은 선택으로 평생 후회하는 일이 없도록 저와 같은 세상의 모든 서울이가 용기 냈으면 좋겠습니다. 서울이처럼, 자신의 상처에 갇혀 혼자 고민하고, 판단 내리지 말고 어차피 후회할 거라면 확실히 도전해보고 그 후에 후회해도 늦지 않다는 말을 꼭 하고 싶었습니다. 저는 글을 쓰면서 줄곧 늪에 빠지기도 했고 글의 방향을 잃어 내내 백지상태가 되기도 했지만 그래도 정말 뜻 깊은 시간이었습니다. 끝으로, 지금 이 책을 읽고 있을 경수도. 언젠간 이 책을 펼쳐 볼지도 모르는 수현이도, 현실과 이상 사이에서 많은 괴리감을 느꼈던 은수와 재원이도. 그리고 나의 독자분들도 여러분의 기준 안에서 부디 행복하시길! 지금 이 순간, 당신은 행복하세요?

찰나의 순간을 꽉 잡으세요!

1부

별 볼 일 없는 나날들

그렇게 난 어른이 됐다

　　　　학창시절, 나는 공부를 썩 잘하는 편은 아니었다. 그렇다고 그럴싸한 재주나 기술이 있는 것도 아니었다. 고등학교 2학년 때, 호기심에 딱 한 번 피운 담배가 걸려 선생님께서 어머니를 호출하셨다. 결국, 그 담배가 처음이자 마지막 담배가 됐다.

　"선생님 죄송합니다, 자식 교육 잘못 시킨 제 잘못입니다. 경수는 아무 잘못이 없습니다, 정말 죄송합니다."

　고작, 그 일로 어머니의 입에서 죄송합니다, 라는 말이 연거푸 튀어나왔다. 어머니가 고개를 푹 숙이고 선생님, 죄송합니다. 라는 말을 연거푸 내뱉어야만 한바탕 소동이 끝이 났다. 나는 그 이후로 죽기 살기로 공부에 몰두했다. 꼴통 소리 듣던 녀석이니 뭘 해도 안 될 거라는 담임선생님의 생각과 다르게 나는 이번 중간고사에서 55명 중 학급 석차가 30등이나 올랐다.

　"앗싸! 25등이다, 나도 이제 내 뒤에 애들 있다."

성적표를 들고 다리를 건너 집까지 걸어가는 길만 무려 한 시간. 나는 너무 신이나 성적표를 펄럭펄럭 세차게 흔들며 콧노래를 불렀다. 땀을 삐질삐질 흘리며 콧노래를 흥얼거리는 나를 발견한 어머니는 경수야, 무슨 좋은 일 있니? 라고 물으셨다.

"엄마! 나 이번 성적 올랐어. 나 이제 25등이야 25등."

어머니는 너무 놀라, 눈이 휘둥그레지셨다. 그리고는 나와 성적표를 번갈아 보시고 아무 말 없이 나를 꽉 안아주셨다. 어머니의 따뜻한 체온이 고스란히 내게 전해지는 듯했다. 어머니는 내게 경수야 고맙다, 라고 말씀하셨고 고작 그 일로 눈시울을 붉히셨다. 어머니는 작은 시골마을 동네 주민들에게 동네방네 자랑을 했고 사람들은 만날 꼴찌 뒤꽁무니만 쫓아다니던 경수가 웬일이여, 드디어 정신 차린 겨? 라고 말했다. 어찌 보면, 고시 합격한 첫째 형, 교직 생활에 몸담고 있는 누나, 모든 경시대회에서 늘 상을 싹쓸이해오는 동생에 비하면 나는 아무것도 아니었다. 내 피붙이들에 비하면 난 그저 평범하기 짝이 없었다. 어느 날 어머니는 저녁 식사를 마친 후 조용히 나를 부엌으로 부르셨다.

"경수야, 너 엄마가 대학 보내줄게 그러지 말고 전문대라도 가 엄마가 어떻게 해서든 꼭 보내줄게."

어머니는 내 두 손을 꼭 잡으셨다. 어머니는 떡 장사, 식당, 파출부 등 안 해본 일이 없을 정도였고 우리 동네에서 이미 성실하기로 입소문이 자자하신 분이었다. 어머니는 궂은일을 내내 도맡으며 아버지 없이 홀로 우리 사남매를 키우셨다. 아버지는 내가 중학교 때 이웃집 아줌마와 바람나 집을 나가셨다. 그 순간, 나는 강한 의구심이 들었다. 내가 과연 대학에 들어간들 뭘 할 수 있을까? 나는 어머니가 힘들게 번 대학등록금을 낭비나 하지 않으면 다행이라고 생각했다.

"엄마, 나 대학 안 갈래. 나는 형이나, 누나처럼 머리가 똑똑한 것도 아니고 민수처럼 대단한 꿈이 있는 것도 아냐."

"그럼 기술이라도 배워 경수야. 나중에 엄마 죽고 나면 너 장가가서 자식들하고 네 처랑 먹고는 살아야지."

"엄마, 나는 그런 재주도 없어. 분명 배워봤자 써먹지도 못할 거야. 그리고 그렇게 힘들게 번 돈으로 나 말고 똑똑한 우리 민수 대학 보내야지."

그 순간, 내 기분은 한없이 가라앉았다. 나는 가끔 신을 원망했다. 어째서 나는 내 피붙이들처럼 똑똑하지 않은 건지. 어째서 나는 잘하는 게 단 하나도 없는 건지, 같은 부모 밑에서 태어났는데 어째서 나만 이렇게 다른 건지. 그때는 마치 미운 오리 새끼가 된 기분이었다. 만약, 신이 있다면 정말 따져 묻고 싶었다. 나는 대체 왜 이 모양 이 꼴인 거냐고. 어머니는 살아생전에 내게 입버릇처럼 말씀 하셨다.

"이 세상에 못하기만 한 사람은 없어 아직 경수 네 때가 아닌 거야, 경수 너도 때가 오면 빛을 발할 거야. 그러니까 때가 올 때까지 기다려 경수야."

어머니는 돌아가시기 직전에 경수야, 하고 나를 나지막이 부르셨다.

"경수야, 살다가 너무 힘들거든 이걸 꼭 기억해. 사람은 누구나 살면서 딱 세 번의 기회가 찾아와. 신이 인간을 창조하실 때 꼭 하나씩은 어마어마한 능력을 숨겨주신다고 해. 그런데 그 능력을 찾는 건 순전히 인간의 몫이고, 그 능력을 남들보다 더 빨리 찾을 수도 있고 조금 더 늦게 찾을 수도 있어."

 어느새 이십 년이라는 시간이 훌쩍 흘렀다. 나는 어느덧 그때의 어머니만큼 나이를 먹었고 아내와 열렬히 사랑하여 1년의 교제 후 바로 결혼을 했고 첫째 아이가 태어났다. 첫째 아이가 태어난 지 얼마 지나지 않아 대한민국은 IMF로 비상사태였고, 탄탄대로였던 내 인생은 급브레이크가 걸렸다. 아내는 첫째에 이어 둘째 아이를 가졌고, 나는 IMF의 영향으로 사업을 접을 수밖에 없었다. 나는 어렵게 시작한 사업을 접어야 한다는 생각에 깊은 실의에 빠져있었다. 그때, 임신한 아내가 내게 다가와 난처한 듯이 말했다.

 "여보, 미안한데. 지금 세입자가 사는 우리 집도 이제 팔아야 하지 않을까 둘째도 태어났고, 분유며 옷이며 한두 푼도 아니고 그렇다고 애 옷을 여자 걸 입힐 순 없잖아. 성별이라도 같으면 모를까."

아내는 복잡한 표정으로 머리를 쓸어 넘기며 말했다.

 "미안해 여보. 내가 책임감이 부족했다. 내일부터 일자리 더 알아볼게."

 IMF 터지기 전엔 당신 전성기였는데 사람 인생이라는 게 정말 한 치 앞을 알 수가 없다고 아내는 나를 향해 말했다. 나는 마음이 심란했다. 그때, 어릴 적 어머니가 하신 말씀이 불현듯이 떠올랐다.

 "경수야, 살다가 너무 힘들거든 이걸 꼭 기억해. 사람은 누구나 살면서 딱 세 번의 기회가 찾아와 신이 인간을 창조하실 때 꼭 하나씩은 어마어마한 능력을 숨겨주신다고 해. 그런데 그 능력을 찾는 건 순전히 인간의 몫이고, 그 능력을 남들보다 더 빨리 찾을 수도 있고 조금 더 늦게 찾을 수도 있어."

 어머니가 말씀하신 때라는 게 어떤 건지 나는 짐작조차 하지 못했다. 어느새 이십 년이라는 시간이 훌쩍 또 흘러버렸다. 세월은 정말 야속했다. 눈가에 잔주름과 입가에 팔자주름, 목에 선명한 세로 주름까지. 내 얼굴은 예전과 많이 달라져 있었다. 나는 어느덧 그때의 어머니보다 훨씬 더 나이를 많이 먹었다. 이제는 조금만 걸어도 숨이 차고, 무릎이 다 시리다. 요즘은 나이가 들어서인지 몸이 쇠약해진 탓인지 소변을 보기도 힘들다. 내 첫째 딸아이가 곧 결혼을 한다. 둘째 아들은 외국에서 대학교를 졸업하고 대학원을 준비 중이다. 아내와 나는 이미 퇴직한 지 오래다. 아내는 집에서 놀면 뭐하냐며 낮에는 녹즙 배달을 하고, 밤에는 집 앞 슈퍼마켓에서 계산원으로 일한다. 나는 퇴직하고 내내 놀다가 32년 요리사 경력을 살려 새로 생긴 집 앞 한식집에서 파트 타이머로 요리를 하고, 밤에는 피자 도우를 굽는다. 사람들은 나이가 나이인 만큼 이제 건강 생각해서 일은 그만하고 쉬는 게 어떻겠냐고 말한다. 하지만 나와 아내는 쉴 수가 없다. 곧 결혼하는 딸아이가 부모 도움은 절대 받지 않겠다고 손사래 쳤지만 나는 내내 딸아이가 눈에 밟혔기 때문이다. 대학교를 이제 막 졸업한 아들 녀석은 외국에서 좀 더 공부를 하고, 경험을 쌓겠다고 죄송하지만 몇 년만 더 학비를 내줄 수 있냐고 내게 물었다. 그래서 나와 아내는 일을 그만둘 수가 없다. 나는 요즘 자꾸 숨이 찬다. 나이가 든 탓일까, 아니면 내 몸이 쇠약해진 걸까. 관절 마디마디가 아파서 자꾸 잠에서 깬다. 아내는 슈퍼마켓에 간혹 있는 진상 손님에게 시달리는 모양이다. 밤마다 내게 죄송합니다, 라고 사죄를 한다. 나는 그런 아내가 가엾어서 내 쪽으로 살짝 감싸 안아 토닥여준다. 그래도 아내가 잠꼬대를 심하게 할 땐 이불을 잘 덮어주고 아내를 한 번 꼭 안아 편히 잠들 수 있도록 도와준다.

 나는 요즘 내 체력의 한계를 느끼고 있다. 지하철 계단을 조금만 걸어도 숨을 헐떡인다. 이제 내 몸은 예전 같지가 않다. 어머니도 나처럼 이렇게 힘에 부치고 버거우셨을까. 어머니도 태어나서 처음 겪는 부모라는 자리가 무서워서 도망가고 싶으셨을까. 어머니도 내내 자식들이 눈에 밟혀 악착같이 버티셨을까. 나도 그땐 미처 몰랐다. 그런데 이제 좀 알 것 같다. 나 또한, 아버지의 삶이 무겁다고 쉽게 내려놓을 수 없듯이, 어머니도 난생 처음 살아보는 어머니의 삶이 내내 어깨가 짓눌리듯이 무겁고 힘겨웠을 거라는 걸. 나는 내 자식들이 태어났을 때 온 세상을 다 가진 것만 같았다. 하지만 이유도 알지 못한 채, 갑작스레 내 자식이 울 때 내내 쩔쩔맸다. 딸과 아들이 조금 커서 사춘기라고 방문을 쾅 닫고 들어가서 나오지 않을 때 아빠랑은 말이 안 통해 라고 말했을 때, 나는 많이 외로웠다.
 딸과 아들이 조금 더 커서 부모님 사랑하고 존경합니다, 라는 문자와 자그마한 선물을 준비했을 때 마음이 참으로 뭉클했다. 어릴 적, 아버지가 나에게는 늘 범접할 수 없는 큰 소나무 같았듯이 나도 그렇게 아버지와 똑 닮은 꽤 고지식한 어른이 돼 있었다. 끊임없는 시행착오에 내내 쩔쩔매고, 외로운 나 자신과 싸움에서 끝끝내 버텨내 나는 그렇게 조금 부족한 어른이 됐다. 사실 나는 아직도 어머니가 말씀하셨던 나만의 어마어마한 능력이 무엇인지 잘 모르겠다. 옆에서 아내는 내 옆구리를 콕콕 찌르며 이렇게 말했다.

"당신이 부지런하고 성실하니까 우리 가족이 당신 덕에 이렇게 잘 사는 거야. 고마워 여보."

처음

그 자리에 그대로 있을 것처럼 해놓고
순식간에 다 지나 가버리는 것.

엄마

1년 365일 내내 휴식도, 방학도 일절 없는 사람
매번 내게 성내고 욕해도 유일한 내 편
늘 모질게 말하지만 속은 순두부처럼 여린

태어나 처음으로 내게 따뜻한 세상을 선물해준 사람
입이 마르고 닳도록 자식 걱정에 제 눈 못 감는 사람

엄마, 엄마, 엄마, 엄마 ….
늘 우리 곁에 있을 것 같은 사람

퇴근길

퇴근길 파김치가 되어 어렵사리 집으로 가는 버스에 몸을 실었다.
오늘 유난히 버스의 무게가 무겁다.

내 삶의 무게와 그들의 삶의 무게가
이 버스에 고스란히 전해지는 듯하다.

사람들의 어깨가 오늘따라 유난히 축 처져 보이고
표정 없는 얼굴이 내내 가득 한 걸 보니

오늘 이 버스 무게는 아무래도 초과인 것 같다.

등급

철수는 철수고, 영희는 영희다.
나는 나고, 너는 너다.

하지만 사회에서 개인의 자유와 개성은
흔히 무시되기 마련입니다.

"너 그거 틀렸어."
"네가 여기서 제일 못해."
"네가 꼴찌야."

우리는 모두 다 다를 뿐
절대 틀린 것은 아닙니다.

그런데 왜 백화점 식품 진열대에 버젓이 진열된
한우처럼, 1부터 10까지 숫자로 등급을 매기는 걸까요?

우리는 모두 다 다를 뿐
절대 틀린 것은 아닙니다.

그런데 왜 당신은 매번 그렇게 사람을
평가하고 등급을 매기시나요?

피터의 꿈

　　　　나는 서울에서 매달 꼬박꼬박 월 50만 원씩 내며 4평 남짓 단칸방에서 꿈을 키우고 있다. 내 꿈은 나보다 힘들고, 어려운 사람들에게 힘이 될 수 있는 그런 음악을 하는 것이다. 나는 평상시에는 동네 치킨집에서 치킨을 튀기고, 휴무에는 대학로에서 직접 작사 작곡한 노래를 부르며 통기타를 연주한다. 사람들은 나를 보며 입을 모아 이렇게 말했다.

"지금 당장 입에 풀칠하기도 힘든데 왜 가능성 희박한 그런 큰 꿈을 꿔?"

나는 그들을 향해 곧바로 대답했다.

"제가 지금 당장 많은 걸 이룰 순 없을 거예요. 하지만 그렇다고 해서 제 꿈이 보잘것없어지는 건 아니에요. 그러니깐 한심하다는 듯이 쳐다보며 저에게 왜 그리 가능성 희박한 꿈을 꾸느냐는 말은 제발 삼가세요."

그들은 내가 그렇게 말할 때마다 나를 대놓고 비난했다.

"네가 한 말은 모두 거짓이야 피터. 넌 그렇게 늘 허풍만 떨고 다녀. 어이, 피터. 가능성 희박한 꿈에 시간 낭비하지 말라고. 네 청춘과 시간이 아깝지도 않니?"

그 순간, 내 코는 3cm나 길어졌다. 나는 정말 억울했다. 분명 나는 있는 그대로 내 의견을 소신껏 말한 것뿐이었다. 그런데 마치 거짓말을 하면 코가 길어지는 피노키오처럼 내 코는 길어졌고 나는 그들의 말처럼 그저 거짓말, 허풍이나 떠는 애가 돼 있었다. 그들은 나를 향해 손가락질하며 큰소리로 비웃었다.

"다음부턴 거짓말은 지껄이지 마, 피터. 넌 역시 우리 동네에서 제일 가는 허풍쟁이야. 하하하…."

나는 얼굴이 새빨개졌고, 재빨리 그 자리를 벗어나 집으로 돌아왔다. 거울에 비친 내 모습은 코가 3cm나 길어진 모습이 아닌 지극히 정상적인 모습이었다. 오랜만에 맞는 내 휴무를 그들 때문에 다 망치고 싶진 않았다. 서둘러 이불을 박차고, 통기타를 들고 밖으로 나갔다. 그렇게 홍대역 앞에서 발길을 멈췄다. 홍대역 앞은 젊음의 거리답게 많은 사람들로 붐볐다. 나는 통기타를 자유롭게 치면서 내가 작사 작곡한 노래를 수많은 사람들 앞에서 부르기 시작했다. 그리고 마이크를 잡고 바로 말을 이어나갔다.

"안녕하세요. 저는 재미교포 김피터라고 합니다. 방금 부른 곡은 피터의 꿈이라는 곡이었습니다. 사람들은 저에게 자신의 기준과 잣대를 들이밀며 왜 가능성 희박한 꿈에 청춘과 시간을 낭비하느냐고 묻습니다. 그런데 저는 잘하는 것보다 꾸준히 하는 게 더 중요하다고 생각합니다. 여기 계신 여러분들도, 남이 뭐라고 비난을 하던 남의 눈치 보지 말고 본인이 하고자 하는 일을 하기 위해서 꾸준히 나만의 길을 만들어 나가세요. 인생을 살다 보면 자주 막다른 길이 나오지만 그래도 포기하지 말고 꾸준히 자신의 길을 개척하고 만들어 나가세요. 긴 얘기 들어주셔서 감사합니다. 다음 곡은 우산이 필요해, 라는 곡입니다."

사람들은 내게 눈길도 주지 않고 바삐 제 갈 길을 가거나, 슥 한 번 쳐다보고 그냥 지나가는 정도가 대부분이었다. 정말 극소수 한 서너 명 정도의 사람들만 나를 보고 소심하게 박수를 친다거나 하는 미미한 반응을 보였다. 그날 이후 매일 밤 곡을 완성시키기 위해 머리를 쥐어짜며 내내 고민했다. 힘들게 쓴 곡을 수많은 사람들이 모여드는 대학로 앞에서 노래했고 나는 나를 수없이 비웃는 그들에게 어느 날 이런 말을 듣게 됐다.

"야, 김피터 그 동영상 네가 직접 올린 거냐?"

나는 영문을 몰라, 고개를 저으며 아니, 라고 대답했다. 그들이 말한 동영상은 내가 최근 대학로에서 통기타를 들고 노래를 부른 영상이었다. 그 동영상을 누가 찍어 올린 건지는 알 수 없지만, 그 덕분에 조회 수는 이미 10만이 넘어가 있었다. 꿈이 있는 새벽 치킨 하나뿐인 첫째 아들. 동영상의 제목에는 이런 재밌는 수식어가 붙어있었다. 그건 내가 편한 티나, 청바지 대신 택한 치킨집 유니폼 때문이었다. 치킨집 유니폼을 입고 노래를 부른 건 나만의 전략 아닌 전략이었다.

평소처럼 치킨집에서 닭을 튀기고 있을 때였다. 그때, 한 소속사 관계자라는 사람이 나를 찾아왔다. 그는 중후한 이미지에 키가 훤칠하게 크고 체격이 다부진 사람이었다. 나는 소속사 관계자라고 말하는 그 사람을 보고 속으로 이렇게 생각했다.

'말도 안 돼, 분명 사기일 거야. 나한테 이렇게 쉽게 기회가 찾아왔을 리 없어. 요즘 이런 거로 사기 치는 사람이 많다던데 정말 너무하는군'

나는 내내 의심의 눈초리를 쉽게 지울 수가 없었다. 나는 그가 건네는 명함을 두 손으로 받았고 그는 내게 그럼 연락 주세요, 라고 말하고 자리에서 일어났다. 나는 그의 말에 웃음으로 일관했다. 그리고 그가 떠나고, 명함을 쓰레기통에 던져 버렸다. 사장님은 내게 요즘 같은 세상에 사기일 수도 있지만 그래도 또 모르는 거잖아, 사람에겐 만약이라는 게 있으니까, 라고 말했다. 나는 확신에 찬 목소리로 말했다.

"사장님 그건 말도 안 되는 소리예요. 누구나 알만한 소속사에서 저를요? 어휴, 그건 하늘에서 별을 따서 제 주머니에 넣고 다닐 수 있다는 엄청난 뻥과 같다고요."

사장님은 많은 사람들이 날 보며 거짓말쟁이, 허풍쟁이라고 말할 때 유일하게 내 편에 서주는 사람이었다. 다음날, 늘 그랬던 것처럼 아침 일찍 일어나서 걷기 운동으로 하루를 시작했다. 점심을 먹고, 아무것도 안 하고 푹 쉬다가 곡을 쓰기 위해 한쪽에 자리 잡고 앉았다. 보통은 한 곡, 많게는 두 곡.(이건 뭐, 아주 가끔 있는 일이다.)

곡을 쓰다가도 4시 반쯤이 되면 치킨집으로 출근한다. 사장님과 일한 지도 어느덧 1년째다. 사장님은 일개 직원인 나를 무척이나 아끼고 예뻐해 주신다. 나는 오늘도 활짝 웃으며 사장님께 먼저 안녕하세요, 사장님 하고 인사를 건넨다. 그러고 나서 장사를 위해 치킨집 문을 활짝 연다. 사장님은 내가 출근을 하면 늘 인심 좋은 미소를 띠고 왔어? 밥은 먹었어? 라고 내게 물으신다. 내가 밥을 안 먹었다거나 간단히 챙겨 먹어서 좀 배고프다고 말하면 사장님은 내게 갓 튀긴 따끈따끈한 치킨을 주신다.

"많이 먹고 많이 웃고 좋은 노래 많이 만들어 피터."

그때, 가게의 전화벨이 요란하게 울렸다.

"항상 정성을 다하겠습니다, 새벽 치킨입니다."
"오늘 혹시 치킨집 몇 시까지 영업해요?"

상대방은 중저음의 힘찬 목소리였다.

"저희 영업시간은 화요일부터 토요일까지 5시부터 3시까지로 동일하고요 포장은 미리 전화주시면 기다리시지 않게 튀겨서 포장해드려요."

"아, 네 알겠습니다. 그럼 이따 들를게요."
"네, 감사합니다. 오늘도 행복한 하루 되세요."

가게 문을 연 지 얼마 지나지 않아 문을 밀며 가게 안으로 들어오는 중후한 느낌의 신사가 눈에 띄었다. 나는 어서 오세요, 라고 밝게 인사를 하고 그에게 메뉴판을 건넸다.

"양념이랑 프라이드랑 간장 마늘 골고루 서른 개 포장해주세요."
"손님, 정말 죄송한데요. 저희가 지금 튀겨둔 게 이게 다라서 얼른 튀겨서 따뜻할 때 바로 드실 수 있도록 포장해드릴게요."

나는 난처한 표정을 지으며 말했다.

"그래요, 그럼 천천히 해줘요. 난 괜찮으니까 이 집 치킨이 그렇게 맛있다고 해서 시간 내서 왔어요. 맛 좀 보려고."

"저희 치킨 기름도 좋은 거 쓰고 식감도 부드럽고 정말 맛있어요. 사장님께서 오늘 첫 손님이라고 무랑 소스, 콜라 서비스로 넉넉히 더 넣어드린대요. 그리고 치킨은 20분 정도 걸리니까 조금만 더 기다려주세요."

신사는 대답 대신 고개를 끄덕였다. 주방으로 몸을 돌리려던 차에 그가 나를 향해 저기요, 라고 말했다.

"네, 손님 뭐 더 필요하신 거 있으세요?"

"속일 생각은 없었는데 미안해요. 피터 씨. 사실 피터 씨 노래 영상을 정말 인상 깊게 봤어요. 지난번에 저희 직원이 왔다 간 거로 아는데 혹시 기억하세요?"

그는 나에게 잊으라는 손짓을 하며 말했다.

"아, 네. 기억나요."

나는 기억을 더듬으며 말했다.

"기억난다니 다행이네요. 우선 제 명함 받으시고요. 저는 제이더블유 소속사 대표 김재욱이라고 합니다. 그때 직원한테 설명 제대로 들으셨는지 모르겠는데, 저희는 피터 씨랑 함께 성장하고 싶어요. 한번 고민해보시고 그때 받은 명함이나 아니면 제 명함으로 연락 주세요."

나는 솔직히 지금 이 신사가 말하는 대화가 잘 이해되지 않았다.

"죄송한데요, 사실 저는 지금 이 상황이 잘 이해가 안 돼요. 일개 가수 지망생인 저를 이렇게 큰 회사에서 찾아왔다는 것도 좀 말이 안 되고 실력도 제대로 검증되지 않은 저에게 함께 하자고 하는 것도 솔직히 의심스럽고요."

"그러니까 지금 피터 씨 말은 내가 사기꾼인 거 같다 이거죠? 정 의심스러우면 내 이름 지금 인터넷에 검색해 봐요. 지금은 내가 좀 늙어서 그렇지 한 때는 잘 나가는 가수 겸 배우였어요. 아마 바로 나올 거예요."

그는 나를 향해 입꼬리를 살짝 올리며 천진난만하게 웃었다.

"이런 경우는 제가 또 처음이라서. 좀 당황스럽네요."

"실력은 앞으로 차차 검증받을 거고 영상만 봐도 피터 씨 이미 재능 아주 충분하고. 그럼 이제 문제는 없지 않나요?"

신사는 내가 미적지근한 반응을 보이자 옆에서 내가 도와줄게요, 걱정 마요 라고 말했다.

"저는 솔직히 이런 캐스팅보다는 제 실력을 확실히 검증받아서 당당하게 들어가고 싶어요. 그 소속사는 이미 알 만한 사람들이 다 아는 곳이고. 저는 소속사에 들어가는 게 솔직히 다는 아니라고 생각해요. 제 장점 살릴 수 있는 좋은 음악 꾸준히 하고 싶어요. 대표님도 제 의견에 동의하신다면 우리 그럼 이렇게 하죠. 이번 오디션에 당당히 붙어서 제가 그 회사 들어갈게요."

"피터 씨, 꽤 강단 있네요. 꼭 그렇게 힘들게 오디션을 치러야겠어요? 그래요, 그럼 피터 씨 생각이 정 그렇다면. 근데 우리 회사 오디션 만만히 보면 안 될 거예요. 물론 피터 씨 실력으로는 한 번에 붙겠지만."

그는 나에게 부드러운 미소를 띠며 말했다.

"얘기하는 사이에 치킨이 나왔네요. 그럼 맛있게 드시고 또 오세요."

"맛있게 잘 먹을게요, 배고픈 연습생들 먹이려고 산거라서 나는 맛은 못 보겠지만. 우리 회사 오면 내가 꼭 피터 씨가 하고 싶은 음악할 수 있도록 밀어줄게요. 그러니까 오디션 꼭 붙어요. 행운을 빌어요, 피터 씨."

그는 돌아서 가는 뒷모습까지 매너가 참 좋았다.

"피터, 오디션이 언제라고 했지?"

"이날이요. 사장님."

나는 달력을 넘기며 말했다.

"사장님. 죄송한데요. 저 이날은 조금 늦게 출근해도 괜찮을까요?"

"그래, 그렇게 해. 나 먼저 출근해서 슬슬 닭 튀기고 있을게. 그 대신 꼭 합격해야 해."

나는 우렁찬 목소리로 웃으며 네, 라고 말했다. 앞으로 일주일. 다가오는 오디션을 위해 연습을 하루도 거르지 않았고 그때까지 몸의 컨디션도 최상으로 유지했다.

일주일 뒤. 오디션 당일이 되었다. 자신감 넘치던 어제의 모습은 온데간데없고, 긴장감 때문인지 심장이 아주 빠르게 뛰고 있었다.

"23번 참가자 이필모 씨 들어오세요."

긴장한 탓인지 나는 대기 중에 내내 화장실을 들락날락했고, 내 이마에는 땀이 송골송골 맺혀 있었다.

"24번 참가자 김피터 씨 들어오세요."
"안녕하세요, 김피터입니다. 잘 부탁드립니다."
"24번 참가자 김피터 씨? 많이 긴장한 거 같네요. 긴장 좀 푸시고 본인이 제일 잘할 수 있는 걸 마음껏 다 보여주시면 돼요. 그럼 준비한 거 바로 볼게요."

떨리는 마음에 다리가 후들거렸고 내 눈은 새빨갛게 충혈이 돼 있었다. 나는 준비해온 통기타를 들고, 핸드폰에 저장해둔 노래를 켰다. 노래는 시간이 흘러도 도무지 나올 생각을 하지 않았다.

"뭐 하세요 김피터 씨? 시작 안 하세요?"
"죄송합니다. 지금 멜로디에 문제가 생겨서 그냥 무반주로 부르겠습니다. 이 곡은 피터의 꿈이라는 곡입니다."

무표정의 심사위원들과 그 자리의 무거운 공기가 순식간에 내 목을 조여 왔다. 내가 노래 한 곡을 시작해서 마칠 때까지 그들의 표정은 전혀 변화가 없었다. 나는 도무지 심사의원들의 의중을 읽을 수가 없었다.

"제가 준비한 건 여기까지입니다. 감사합니다."
"피터 씨, 많이 긴장했어요? 전체적인 곡 느낌은 정말 좋은데 많이 긴장한 건지 노래 시작과 동시에 가사를 잊어버렸네요? 가수한테 가사 외우기는 그냥 기본 중의 기본이에요. 다음번에 기회가 주어진다면 절대 이런 실수는 안 하셨으면 해요. 합격 여부는 저희가 개별 연락드릴 거고요. 수고하셨어요."

 나는 그들을 향해 고개를 숙여 인사를 건넸다. 서둘러 오디션 장을 빠져나와 지하철역으로 향했다. 그제야 안도의 한숨을 내쉬었다. 치킨집의 문을 열어젖히자 치킨을 튀기고 계신 사장님이 보였다. 먼저 사장님을 향해 웃으며 "안녕하세요."하고 인사를 건넸다. 사장님은 내게 "수고했어. 피터."라고 말하며 내 어깨를 토닥여주셨다.

 "저 아직 붙은 거 아니에요. 2차 오디션도 남았고."

그로부터 며칠 뒤, 문자가 왔다.

「안녕하세요. 제이더블유 엔터테인먼트입니다. 귀하의 1차 합격을 진심으로 축하드립니다, 2차 오디션 날짜, 시간, 장소 함께 보내드리오니 꼼꼼히 확인 후 늦지 않게 오시길 바랍니다. 귀하의 최종 합격을 기원하겠습니다.」

 일주일 뒤, 2차 오디션의 날이 밝았다. 나는 1차 오디션 때와 같은 어이없는 실수를 하지 않기 위해서 맹연습을 거듭했다.

 "제이더블유 엔터테인먼트 2차 공개 오디션 시작합니다. 11번 참가자 이지훈 씨 들어오세요. 그리고 12번 참가자 김피터 씨는 이쪽에서 대기하세요."

 "네."

 대기를 하는 내내 긴장이 돼서 오는 길에 산 우황청심환을 입에 가득 넣었다.

 "12번 참가자 김피터 씨 바로 들어오세요."

"안녕하세요, 김피터입니다. 잘 부탁드립니다."

"네, 시간이 많지 않으니까 준비한 거 바로 보도록 할게요."

우황청심환 덕분인지 비교적 많이 떨리지 않았다. 한가운데에 서서 심사위원을 똑바로 바라보며 준비한 멜로디와 함께 춤을 선보였다.

"제가 준비한 건 여기까지입니다. 감사합니다."

"피터 씨, 이번엔 1차 때와는 전혀 다른 느낌으로 준비를 상당히 많이 하셨네요. 2차 공개 오디션 결과는 저희가 홈페이지에 게시할 거고요. 아마 개별연락도 갈 거예요. 행운을 빌어요, 피터 씨."

90도로 인사하고 오디션 장을 빠져나왔다.

그렇게 오디션을 본지 이주라는 시간이 흘렀다. 어쩌면 이번엔 불합격일지도 모른다는 생각이 들었다. 회사에선 여전히 내게 그 어떤 연락도 없었다. 혹시나 하고 들어간 회사의 홈페이지에도 내 이름은 찾아볼 수 없었다. 마음 한편이 뒤숭숭하고 서운했다. 한 번에 붙을 거라고 생각한 건 아니지만, 불합격 일 거라고는 전혀 생각지도 못했다. 내게 오디션은 이제 시작에 불과했다. 그래서 나는 더는 실의에 빠지지 않기로 했다. 1차 온라인 오디션에 보낼 영상을 찍어 한 소속사의 이메일로 바로 전송했다. 그로부터 며칠 뒤 회사에서 문자가 왔다.

「안녕하세요, 에이치에스 엔터테인먼트입니다. 1차 온라인 오디션 합격을 진심으로 축하드립니다. 2차 공개 오디션의 날짜, 시간, 장소 함께 첨부하오니 확인 후 늦지 않게 와주시길 바랍니다. 귀하의 최종 합격을 저희 에이치에스 엔터테인먼트에서도 응원하겠습니다.」

열흘 뒤, 공개 오디션이 하루 앞으로 다가왔다. 오디션 당일은 때마침 휴무였고, 나는 컨디션 악화로 제 실력을 발휘하지 못하는 일이 없도록 오늘은 아무 생각 하지 않고 푹 자기로 했다. 다음 날, 말끔한 옷으로 코디를 하고 오디션 장소로 향했다. 대형소속사와는 다르게 이곳은 대기 인원도 그곳보다 훨씬 적었다.

"15번 참가자 이봄 씨 들어오세요."

내 앞 사람은 연습을 아주 많이 한 모양이다. 걸음걸이, 목소리, 표정에서 자신감이 가득 느껴졌다.

"16번 참가자 김피터 씨 들어오세요."
"네. 안녕하세요, 김피터 입니다. 준비한 거 바로 시작하겠습니다."
"바로 보도록 할게요."

나는 저번 오디션에 비해 비교적 떨지 않았고 기타의 선율에 맞춰 침착하게 노래를 부르기 시작했다.

"피터 씨, 혹시 준비한 거 또 있어요? 있으면 좀 보여줄래요? 저희 쪽에 온라인 오디션 보낸 거 보니까 랩도 좀 하시는 거 같던데."

나는 재빨리 심사위원들의 앞에 서서 내내 연습한 랩을 선보였다.

"고생했어요, 피터 씨. 합격하시면 회사에서 개별 연락드릴 거예요. 꼭 저희 회사랑 함께 할 수 있길 바랄게요."

그리고 며칠 뒤, 오디션을 본 회사로부터 최종 합격 문자를 받았다.

「안녕하세요, 에이치에스 엔터테인먼트입니다. 귀하의 최종 합격을 진심으로 축하드립니다. 연습생 계약 관련 설명해 드리고자 하니, 내일 회사로 방문 부탁드립니다.」

실감이 나지 않았다. 여전히 내가 합격한 게 맞는지 의심이 들어서 나는 사장님에게 저 볼 좀 꼬집어주세요, 라고 말했다. 사장님은 내 볼을 꼬집으며 축하해 피터, 라고 말했다. 내 눈에는 눈물이 그렁그렁 맺혀있었고 그 안에는 복합적인 감정이 마구 뒤섞여 있었다.
오늘 사장님과 일하는 마지막 날이라는 게 한편으론 조금 서운하기도 했다.

 다음 날, 설레는 마음으로 회사로 향했다. 그곳으로 들어가니 한 남자직원이 나와 합격생들에게 친절히 안내해주었고, 차를 내주며 말했다.

"이건 연습생 계약서라는 건데 그냥 형식적인 거예요. 아직 저희 소속 가수가 아니기 때문에 여기 계신 분들에게 이렇다 할 큰 효력은 없어요. 이제부터 저희 회사에서 트레이닝을 받게 되실 거고 데뷔를 하실 수도 있기 때문에 형식상 작성하는 계약서라고 보시면 돼요. 꼼꼼히 확인하시고 서명 해주시면 되고요. 말 그대로 연습생 전속 계약서이기 때문에 다른 회사에 간다거나 해지를 할 때는 당연히 위약금이 있습니다. 아래 계약 사항 꼼꼼히 검토 후에 본인에게 불이익 가지 않도록 잘 확인하시고요. 나중에 회사랑 서로 얼굴 붉힐 일 없도록 계약 사항 여러 번 읽어 보세요. 서명은 여기서 바로 하셔도 되고요 좀 더 고민하시고 결정하셔도 돼요. 궁금한 거 있으시면 바로 물어보시고요."

  나는 계약 사항을 꼼꼼히 읽고, 그 자리에서 바로 서명했다. 회사의 계약 사항은 나에게 그리 유리하지는 않았다. 나는 행여 이 계약서가 회사와 나 사이에 해가 될까 봐 회사의 트레이닝에 따라 무조건 열심히 했다. 데뷔까지 오래 걸리더라도 반드시 이곳에서 살아남아야만 했다. 보컬 선생님, 안무 선생님께서 과제를 내면 밤을 새워서라도 몸으로 익히고, 잘 안 되는 동작은 다음날 누구보다 더 적극적으로 물었다. 나는 다른 연습생들과 연습할 때도 더 돋보이기 위해 동작을 더 크게 그렸고, 보컬 트레이닝을 받을 때도 유명 가수의 목소리를 닮으려고 하기보다는 내 장단점을 확실히 구분해서 장점을 살릴 수 있도록 끊임없이 연습했다.

"피터는 하나를 가르쳐주면 열을 아네."

"피터는 유독 다른 애들보다 습득이 빨라서 하나 가르쳐주면 곧잘 따라 하네. 이대로 꾸준히 하면 금방 데뷔할 거야."

  보컬 선생님과 안무 선생님의 칭찬이 이어지자 다른 연습생들은 나를 시기하기 시작했다. 나보다 먼저 들어온 연습생들은 나에게 대놓고 텃세를 부렸고, 나를 왕따 시키거나, 혹은 없는 소문을 그럴듯하게 과장 하여 만들어 내기도 했다. 그들은 내가 어렵게 마음을 연 동기 연습생과 내 사이를 이간질했고 결국, 서먹서먹한 사이가 되고 말았다. 그들의 행동은 하루가 멀다고 점점 강도가 높아졌고, 이 상황을 내가 다 참고 받아들이기엔 나는 너무나 어렸다. 하루하루가 몹시 괴로웠다. 나를 늘 행복하게 했던 음악은 이제 날 우울함에 빠지게 만들었고 나 자신을 쉽게 다그치는 위험한 상황까지 가고 말았다. 나를 왕따, 텃세, 이간질, 없는 소문까지 만들어 내던 그들은 이번에 그룹으로 데뷔했고 한창 인기를 끌고 있었다. 그런 그들을 보며 삶에 큰 회의감을 느꼈다. 그렇게 좌절과 우울함에 빠져 몇 년의 시간을 덧없이 흘려보냈다. 하지만 이제 더는 방황할 시간이 없었다. 매일매일 연습실을 내 집 드나들듯이 자주 들락거리며 노래와 안무 연습을 했다. 땀에 윗옷이 다 젖은 내 모습을 본 대표님은 피터 너도 이제 데뷔해야지, 벌써 연습생 8년 차잖아. 라고 말했다.

 이제 나는 내내 손꼽아 기다리던 데뷔를 하루 앞두고 있다. 최종 합격 문자를 받았을 때보다 지금, 이 순간이 더 실감이 안 난다, 마치 꿈을 꾸는 것 같다. 이 현실이 마냥 행복해서 혹시 이게 꿈은 아닐까, 하며 내 두 눈을 아무렇게나 벅벅 비벼보기도 했다. 8년이라는 긴 시간은 주저앉을 뻔했던 나를 다시 일으켜 세워줬다. 그 사실이 너무 감격스러워서 갑작스레 눈물이 났다. 그러던 도중 뜻밖의 예능 프로그램에 출연하게 됐다. 데뷔 전 수많은 인파가 모여드는 홍대역 앞에서 노래를 불렀던 게 엊그제 같은데 지금은 홍대역 앞에서 예능 프로그램을 촬영하고 있다.

 "안녕하세요, 김피터입니다. 반갑습니다."

그곳엔 남녀노소 국적을 불문하고 다양한 사람들이 한데 모여 있었다. 강연식의 예능 프로그램인 만큼 사람들은 의자도 없는 비좁은 길가에 옹기종기 앉아 내 얘기에 귀 기울이고 있었다.

 "많은 분이 저를 알아봐 주시네요. 감사합니다. 제가 얘기를 하는 도중이라도 혹시 궁금한 점 있으시면 손을 번쩍 들어주세요."

그때, 교복을 입은 여고생이 손을 번쩍 들었다.

"네, 거기 안경 쓴 긴 머리 여학생 질문하시는 건가요?"

학생은 고개를 끄덕였다.

"네, 말씀하세요."

"제이더블유 소속사 대표님께서 함께하자고 찾아왔는데 오디션 보고 실력으로 당당히 들어가고 싶다고 단칼에 거절했다는 기사를 봤어요. 그리고 나중에 그 오디션에서는 떨어지셨다고. 혹시 후회 안 하세요?"

나는 질문을 받고 빙긋 웃었다.

"후회 안 한다고 하면 거짓말이죠. 솔직히 저도 사람인데, 근데 그때는 너무 어렸고, 준비가 안 된 상태에서 찾아온 기회였기 때문에 오히려 저는 이렇게 생각했어요. 내가 그땐 때가 아니었나 보다 그때 그렇게 준비 안 된 상태에서 데뷔를 했다면 나 자신에게 굉장히 부끄러웠겠다. 그리고 종종 마음이 흔들릴 때는 이렇게 생각을 했어요. 야, 김피터 너 될 거야. 대박 나려고 너 지금 이렇게 힘든가 봐. 그렇게 스스로 위로를 했고 그래도 너무 힘들 땐, 방송에서도 제가 여러 번 언급했던 제 멘토 치킨집 사장님을 찾아갔어요."

그때, 마른 체격의 청년이 손을 번쩍 들었다.

"네, 거기 파란색 줄무늬 티 입으신 남자분 말씀하세요."

"슬럼프가 찾아 왔을 땐 혹시 어떻게 극복하셨나요?"

"그럴 때 저 같은 경우엔 그냥 본인이 할 수 있는 하루분의 양 만큼만 꾸준히 했고요. 그마저도 집중이 안 될 땐 지금 단순히 그냥 하기 싫은 건지 아니면 내 몸 컨디션이 안 좋은 건지 그것부터 확인을 하고 다시 밑그림을 그렸어요. 여러분도, 오늘부터 마음속에 새겨진 그 꿈을 위해 확실한 밑그림을 그려보시는 건 어떠세요? 오늘 이렇게 의자도 없는 곳에서 제 얘기 귀 기울여주셔서 정말 감사하고요. 저는 피터의 꿈 바로 들려드리고 마무리하도록 할게요. 여러분, 정말 감사합니다. 지금, 이 순간을 우리 함께 즐겨요."

어마어마한 현실

지금 이 순간, 머릿속에 무언가가
떠오르기 시작했다는 건

이미 당신은 그걸 실천하기 위해
부단히 노력하고 있다는 것

그 작은 실천이 어마어마한 현실이 될 때까지
계속 멈추지 않기를

어마어마한 현실이 지금의 나를 있게 해준
또렷한 현실이 될 수 있도록

당신을 그립니다

어느 날 갑자기 날 떠난 당신

당신은 이제 내 곁에 없지만
내 마음 깊은 곳에 여전히 숨 쉬고 있습니다.

달이 덩그러니 떠 있는 이 고요한 밤
나는 오늘도 당신을 그립니다.

유려한 당신의 눈코 입이
내 마음에서 절대 지워지지 않도록

나는 밤하늘을 도화지 삼아 수평선 위에
당신의 말끔한 얼굴을 그려봅니다.

성급한 일반화의 오류

나는 뚱뚱하고 별로 섬세하지도 않다. 늘 엄마에게 너 여자애가 왜 이렇게 꼼꼼하지 못해? 라는 잔소리를 듣기 일쑤였고 엄마의 왜소한 외모와는 다르게 체구도, 옷 입는 스타일도, 말하는 것도, 그리고 먹는 것도. 모두 엄마가 말하는 여성스러움과는 거리가 멀었다. 그렇게 19년을 살아왔고, 며칠 뒤면 드디어 기다리고 기다리던 스무 살, 성인이 된다. 스무 살이 된다는 설렘도 아주 잠시, 나는 내 가족들에게 이런 말을 들었다.

"네가 그렇게 뚱뚱하고 섬세한 구석도 여성스러운 면도 하나 없으니까 인기가 없는 거야. 어휴…. 그러니깐 이제껏 남자친구 하나 없지."

아빠는 내 귀에 피어싱과 찢어진 청바지를 보고 남자들은 그런 거 싫어해, 라고 딱 꼬집어 말했다. 이제껏 집에서 이런 말을 숱하게 들어왔다. 나는 점점 궁금해졌다. 왜 나의 성격이나, 성향이 아닌 외모 비하 혹은 외모 지적을 통해 그걸 남성과 연결하는지 겨우 19살밖에 되지 않은 나는 도무지 이해가 되지 않았다. 그들의 말에 의하면, 여자라면 자고로 조신하고 꼼꼼하고 여성스러워야 한다는 것이었다. 나는 그들에게 대체 여성스러움이라는 게 무얼 뜻하는 거냐고 물었다. 그들은 날 향해 대답했다.

"그냥 딱 너랑 반대인 거야. 꼼꼼하고 조신하고 목소리가 집안 담장을 넘어가지 않고 그게 여성스러움이야."

그들은 날 경시하는 눈빛으로 말했다. 나는 아무리 생각해봐도 그들의 말이 이해가 되질 않았다. 내 상식으로는 그들의 말이, 그들이 말하는 여성스러움이라는 게 지나친 편견이자, 편협한 사고라고 생각했다.

나는 목소리가 우렁찬 편이었다. 그리고 이건 개인적인 취향인데, 하늘하늘한 레이스, 화려한 디자인의 치마 등등…. 그런 걸 별로 좋아하지 않았다. 그리고 매번 급한 성격 탓에 뭘 하던 늘 바쁘게 움직였고 꼼꼼하지 못한 탓에 엄마에게 입버릇처럼 이런 소리를 들어야만 했다.

"지은아, 너 이걸 또 빼먹었니? 정말 못 말려. 남자애도 아니고 넌 여자애가 정말…."

"뚱뚱하고 꼼꼼하지도 않고 또 여성스럽지도 않은 데다가 목소리는 아주 집안 담장을 넘어가는 널 대체 누가 좋아하겠니?"라고 그들은 날 향해 말했다. 하지만 내가 뚱뚱하고 여성스럽지 않다고 해서 그 누군가에게 사랑받지 못할 거라는 건 그들의 성급한 일반화의 오류일 뿐이다.

대학교에 입학해 인형처럼 작고 사랑스러운 지금의 남자친구를 만났다. 내 남자친구는 167cm에, 잡티 하나 없는 하얀 피부, 호수처럼 맑고 예쁜 눈망울을 가졌다. 그는 나보다 키는 좀 작지만, 마음은 태평양처럼 넓었다. 그는 내가 목소리가 크든 작든 내 겉모습이 어떻든지 간에 그저 있는 그대로 나를 사랑해줬다.

"지은이 넌 정말 사랑스러워. 사람들이 뭐라고 하든 신경 쓰지 마! 넌 그냥 이대로가 아름다워."

나는 그에게 매일매일 같은 높낮이로 사랑받고 있었다. 그의 사랑이 얼마나 따뜻한가 하면 내 피부로 다 와 닿을 정도였다. 매일매일 있는 그대로 나를 사랑해주는 덕분에 그의 앞에서 가식을 떤다거나, 연극을 할 필요가 없었다. 그와 함께일 때 자연스러운 모습이 가장 나와 가까웠다. 나는 편한 후드티와 청바지를 입고 민낯의 모습으로 그를 만나러 갔다. 엄마는 그런 나를 보고 이렇게 말했다.

"여자애가 좀 꾸며. 남자들은 예쁜 여자 좋아해."

"엄마, 호박에 줄 긋는다고 수박 돼? 그건 아니잖아. 난 그냥 자연스러운 내 모습이 좋아. 남자들이 예쁜 여자 좋아하면 뭐, 내가 그거 때문에 꾸며야 해? 여자들은 잘생긴 남자 안 좋아하는 줄 알아? 왜 여자만 꾸며야 해? 어이없어 진짜. 선크림도 안 바르고, 립밤도 안 바르고 코털, 다리털 하나 안 미는 남자들도 있는데 대체 왜?"

나는 이제 남자들도 꾸며야 하는 시대야, 구시대적인 발상 좀 하지 마, 라고 말하고 싶었지만, 엄마는 내게 말에 토 달지 마, 말대꾸하지 마, 라고 말할 게 분명했다. 더 이상의 싸움은 싫어 조용히 입을 닫았다. 주변 친구들과 내 가족들은 그 애가 너에게 단단히 빠진 모양이라고 콩깍지가 쓰인 것이 틀림없다고 말했다. 내 여동생은 호언장담이라도 하듯이 조만간 그 오빠의 콩깍지는 벗겨질 거라고 말했다. 하지만 그는 사람들의 우려와는 다르게 3년이 지난 지금도 내가 민낯에 후드티를 걸치고 나와도 변함없이 나를 아끼고 사랑해준다. 내 가족들은 내 남자친구를 보고 모두 입을 모아 이렇게 말했다.

"남자라면 자고로 키는 너보다 커야지, 안 그래?"

나는 그들의 생각에 동의하지 않는다. 자고로 남자라면, 여자라면 이래야 해, 라는 건 대체 누가 만든 묵은 관념인 걸까? 나는 며칠 전, 긴 생머리가 지겨워져서 숏 컷으로 머리를 잘랐다. 엄마는 나를 보고 절규하셨고 내 여동생은 아무 말 없이 혀를 끌끌 차며 고개를 절레절레 흔들었다. 아빠는 내게 세상에 불만이 있냐고 물으셨고 나는 그런 거 없다고 대답했다. 오전 수업이 있던 오늘 아침, 내 친구들은 연신 "대박…."을 외치며 놀라움을 감추지 못했고 반면, 그는 살갑게 나를 반기며 "왔어?"라고 말했다. 내가 한참 통통하게 살이 올랐을 때도 그의 행동은 한결같았다. 내 턱을 살포시 삽고 그는 이렇게 말했다.

"아 귀여워, 강아지 같아."

내가 그에게 "이든아, 나도 살 빼고 다른 애들처럼 하늘하늘한 치마 입어 볼까? 그럼 나도 더 예쁠까?"라고 묻자 그는 내게 이렇게 말했다.

"지은아 나는 네가 어떤 모습이든 다 좋아. 가족, 친구와 같은 타인이 아닌 네가 기준을 그냥 너로 됬으면 좋겠어. 나한테 그 기준을 일일이 맞추지 마. 넌 그냥 너잖아."

그의 말 한마디 한마디에, 그리고 그의 모든 행동에 내가 그를 사랑하지 않을 이유는 없었다. 그는 하루하루 내 안의 진짜 나를 비추는 거울이 돼주었다. 하지만 내 주변 사람들은 우리를 이해하지 못했다. "걔 뚱뚱하고, 여성스럽지도 않은데 넌 대체 걔 왜 만나니? 그냥 빨리 정리하고 다른 사람 만나."라고 말하는 이들도 종종 있었다.

"나도 그렇게 장점만 가지고 있진 않아. 그리고 우리 문제는 내가 알아서 할게. 내 여자 친구는 그냥 그 사람 자체로 예쁘고 멋진 사람이야. 부탁인데 너희 멋대로 그렇게 함부로 욕하지 말아줘."

그는 나를 잘 알지도 못하는 이들이 나를 깎아내릴 때마다 이렇게 당차게 말했다. 가끔 내 부모님이 그에게 "우리 딸이 대체 왜 좋니?"라고 물으면 그는 즉각적으로 대답했다.

"지은이니까요. 그냥 있는 그대로 사랑스러운 사람이거든요."

엄마는 놀라 되물었다.

"쟤가? 우리 가족 중에 인물도 제일 없고, 키만 멀대같이 크고 많이 먹고 뚱뚱하기만 한대…. 거참, 자네 취향 참 독특하네."
"저도 키 작아서 괜찮아요, 제 키는 반올림해서 170인걸요? 하하…. 사실 170도 안 돼요."

그는 천진난만하게 웃으며 말했다. 그 순간, 나는 깨달았다.

"지은아 나는 네가 어떤 모습이든 다 좋아. 가족, 친구와 같은 타인이 아닌 네가 기준을 그냥 너로 뒀으면 좋겠어. 나한테 그 기준을 일일이 맞추지 마. 넌 그냥 너잖아."

"지은이 넌 정말 사랑스러워. 사람들이 뭐라고 하든 신경 쓰지 마!

넌 그냥 이대로 참 아름다워."

"지은이니까요. 그냥 있는 그대로 사랑스러운 사람이거든요."

 그가 건넨 그 말 한마디 때문에, 그가 건넨 그 사랑 덕분에 나는 나 자신이 얼마나 소중한 사람인지 비로소 깨달았다. 나는 그가 준 사랑처럼, 내내 변함없이 나를 사랑할 것이다. 이제 내가 어떤 모습이든 그냥 있는 그대로 내 모습을 더욱 사랑할 것이다. 부족한 나를 조금씩 채우며 그저 나를 사랑할 것이다.

 인간은 누구나 다 완벽하지 않다. 나는 그 점을 정확히 인지하고 그저 있는 그대로의 나를 아껴줄 것이다. 참 어리석게도 나는 이제야 깨달았다. 자고로 여자는 이래야 해, 남자는 이래야 해, 라는 말이 얼마나 선입견이 가득 깃든 말인지를, 그 말이 얼마나 폭력적인 말인지를, 얼마나 사람을 우습게 만드는 말인지를. 나는 참 어리석게도 이제야 깨달았다. 다른 누구도 아닌 나 자신으로 인해, 자고로 여자는 이래야 해, 남자는 이래야 해, 라는 말이 그 누군가에는 커다란 트라우마로 남을 수도 있다는 사실을. 그래서 나는 오늘부터 그 말 대신 이 말로 내 마음을 전하기로 했다.

"너는 그냥 너라서 멋져. 너다움이 사람을 더 끌리게 만들어."

길

　　나는 지금 길 한복판에 우두커니 서 있다. 내가 서 있는 이 곳은 흔한 표지판도, 안내문도 존재하지 않는다.

"저기요, 이쪽으로 가면 되나요?"

　길 한복판에서 미친 듯이 소리치는 내게 그 누구도 그럴듯한 답을 제시해 주지 않았다.

"대체 어느 길로 가야 실패 없이 곧은길로 갈 수 있는 거죠?"

나는 행인의 소맷자락을 붙잡으며 소리쳤고, 행인은 나를 향해 대답했다.

"당신, 지금 뭔가 단단히 잘못 알고 있는 게 하나 있어요, 실패하지 않으면 절대 성공할 수 없어요."

"대체 그게 무슨 소리예요. 방법이 없단 얘긴가요?"

"방법은 분명 있어요. 하지만 그 방법은 내가 아닌 당신이 찾아야

해요."

"내가 알면 지금 이러고 있겠어요? 제발 당신이 아는 그 방법 좀 내게 알려줘요. 어떻게 하면 실패 없이 곧은길로 갈 수 있는지."

"이봐요, 청년…. 우리 인생에는 정답도, 친절한 안내문도 없어요. 그러니깐 뭘 선택하던 당신의 선택이 최선인 거죠. 또, 바르고 곧은길이 당장은 편하고 좋아 보일지 모르지만, 끝까지 올곧을지는 아무도 알 수 없어요. 지금 당장은 당신이 선 그 지점이 벅차고, 다 내려놓고 싶을지라도 그 구불구불한 길의 끝엔 당신이 바라던 바가 기다리고 있을 겁니다. 당신의 땀, 그리고 눈물과 함께. 그러니깐 끝까지 가세요! 그것만이 최선입니다."

나는 그 순간, 머리를 무언가로 한 대 얻어맞은 것처럼 띵해졌다.

어른들의 이별법

정연이 침대에 누워 소리도 내지 못하고 울고 있을 때 어느새 창문 너머 동이 트기 시작했다. 정연은 방 안 전신 거울 앞에 서서 거울에 비친 자신의 모습을 가만히 들여다본다. 정연의 광대뼈는 툭 튀어나와 있었고, 얼굴은 수척했다. 정연의 눈은 토끼처럼 시뻘겠고, 눈꺼풀은 마치 부풀어버린 풍선 같았다. 몸을 힘겹게 움직여 부엌으로 갔다. 전기밥솥에서 밥을 푸고 냉장고에 있는 몇 가지 반찬과 식탁에 남아있는 김도 꺼냈다. 정연은 식탁 의자에 앉아 흐느껴 울기 시작했다. 정연은 식탁 위에 자그마한 라디오를 켰다. 라디오는 그녀가 가장 좋아하는 물건이다.

'사랑이 떠나가도, 가슴에 멍이 들어도 한순간뿐이더라. 밥만 잘 먹더라 죽는 것도 아니더라.'

라디오에서 잔잔한 이별 노래가 흘러나온다. 정연은 30분 만에 라디오를 들으며 어렵게 한 숟가락 떴다.

"아, 이 라디오 인제 그만 버려야 하는데."

정연은 혼잣말로 작게 읊조렸다. 그녀의 목소리는 맥이 다 빠져있었다. 라디오는 생일 때 옛 연인에게 선물 받은 것이었다. 한숨을 쉬다 숟가락을 내려놓고 결국 라디오를 꺼버렸다. 그녀는 자신의 방에 걸려있는 보라색 실크 커튼을 치고 침대에 드러눕는다. 그러고 나서, 또다시 소리 없이 운다.

그렇게 깜깜한 저녁이 될 때까지 내내 같은 자세로 하염없이 울기만 했다. 내일 정연은 오랜만에 친구들을 만나기로 했다. 아마, 밤새 흐느껴 울다가 아침이 되어 힘겹게 몸을 일으켜 멍하니 거울만 쳐다보다가 또 내내 울고, 그렇게 화장을 하고 아무 일도 없다는 듯이 친구들을 만나러 갈 것이다.

다음날, 그녀는 평소에는 잘 신지 않는 빨간색 하이힐까지 꺼내 신었다.

"다들 진짜 오랜만이다. 잘 지냈어?"

정연의 친구들은 서로 눈치 보기 바빴고, 그중 친구 주연이 먼저 입을 뗐다.

"정연아 너 괜찮아?"

친구들은 평소와 다르게 말 수가 부쩍 늘어난 정연이 이상했다.

"그럼 괜찮지. 시간이 많이 흘렀잖아. 벌써 반년이나 넘었는데 뭐."

친구들은 의심스러운 눈초리를 지으며 정연의 표정을 내내 주의 깊게 살폈다.

"정말?"

이번엔 정연의 다른 친구, 수안이 조심스레 입을 뗐다.

"응, 그렇다니까. 야, 너희 내 말 좀 제발 믿어줘. 나 진짜 괜찮아, 남자가 개밖에 없는 것도 아니고 안 그래?"

친구들이 보기엔 오늘따라 그녀의 행동이 이상했다. 과장된 손짓, 부쩍 늘어난 말 수, 내내 방실방실 웃고 있는 저 모습까지.

"정연아, 우리 술 시킬까?"

"나 생각해서 그러는 거면 너희 진짜 안 그래도 돼 나 진짜 괜찮아, 요즘 내가 제정신이 아니라서, 혹시 술 마시면 개한테 전화할까 봐 그래."

정연은 두 손을 내저으며 말했다.

"정연아, 네가 제정신이 아닌 게 아니라 원래 사랑은 말짱한 정신으로 할 수가 없는 거야. 그리고 너희 꽤 오래 만났잖아, 근데 어떻게 제정신이겠어? 그게 더 말이 안 되는 거 아냐? 당연히 지금은 죽을 만큼 힘들어야지."

"그래, 수안이 말이 맞아. 정연아 네가 지금 제정신이 아닌 게 아니라 그만큼 많이 좋아했던 거야, 그래서 지금 이렇게 힘든 거고."

정연은 친구들의 말에 말문이 막혀 뭐라고 대꾸해야 좋을지 몰랐다.

"나 사실 너무너무 힘든데…. 이제 뭘 어떻게 해야 할지 모르겠어. 솔직히 그 누구도 나한테 사랑하는 사람과 헤어지는 법을 가르쳐 준 적이 없잖아. 나는 이 모든 게 지금 다 처음 겪는 일인데, 힘든 게 당연하잖아."

"그래, 정연아 네 말이 다 맞아 그러니깐 실컷 울어."

친구들은 그녀의 어깨를 살포시 두드리며 말했다.

"나는 처음 겪는 이별에 울고불고 밥도 잘 못 넘기고 아무것도 못 해. 나 진짜 바보 같지?"

정연은 고개를 떨구고 어깨를 들썩였다. 친구들은 더는 말을 이을 수 없었다. 그저 그녀를 꼭 안아 줄뿐이었다.

그동안 정연은 혼자 참고 견디는 게 진짜 어른들의 이별법이라고 생각했다. 하지만, 지금 정연은 자신이 완벽히 틀렸다는 걸 안다. 이 세상 그 어디에도 정연이 생각하는 진짜 어른들의 이별법 따윈 존재하지 않는다. 그저 어른이 되면서 감정을 표출하는 법을 서서히 잊어 가는 몹시 서툰 어른만이 존재할 뿐.

나는 당신을 앓았습니다

나는 4년 전, 당신을 알았고 당신을 앓았습니다.
나는 당신을 정말 많이 사랑했습니다.

내게 누군가를 진심으로 사랑하는 법을
또 사랑받는 법을 가르쳐줘서 고맙습니다.

날 사랑스레 여겼던 당신의 눈빛, 말투, 목소리
서툴렀던 그 시절 당신의 모든 행동

나는 오늘도 당신이 하염없이 그리울 것 같습니다.

문득

문득 잘 지내다가도 네가 생각나
네 얼굴, 목소리, 마치 그때처럼 내 곁에 맴돌아

가끔, 너도 내 생각에 눈물이 덜컥 나고
보고 싶은데 더는 볼 수 없어서 내내 가슴 시리고

내가 그랬던 것처럼 그렇게 문득
날 그리워해 줘

짝사랑

　　　　수현을 처음 만난 건 2013년 여름과 가을 사이. 그와 나는 내가 영어 공부를 시작하면서 인연을 맺게 됐다. 그때의 나는 조금 설익어, 떫은맛이 역력한 살구 같았다. 그의 첫인상은 빼곡히 잘 정리된 책꽂이 같았다. 나는 영어 공부를 시작하기 위해 외국인 펜팔 친구를 사귀었고 수현은 머나먼 타지에서 유학 생활 중이었다. 우리는 같은 한국인이라는 동질감 덕분에 급속도로 친해졌다. 나는 평소처럼, 펜팔 사이트에 접속했고 새로운 메시지가 왔습니다, 라는 문구에 바로 메시지를 확인했다.

「누나, 나 이번에 졸업하고 한국 들어가는데 우리 만날래?」

　나는 덜컥 겁이 났다. 수현과 내가 수많은 메시지를 주고받으면서 친해진 건 사실이지만 우리는 단 한 번도 만나서 얼굴을 마주 보거나, 밥을 먹고 얘길 나눈 적이 없었다. 나는 그 순간, 그가 낯설었다. 만나자는 수현의 말 한마디에 나는 깊은 고민에 빠졌다. 내가 이렇게 사소한 일로 고민하는 이유는 아직 아물지 않은 그 상처 때문이다.

1년 전, 친한 친구의 지인으로 알게 된 그는 나와는 달리 빙 돌려 말하는 법이 없었다. 나는 나와 사뭇 다른 그의 모습에 점차 빠져들기 시작했다. 그는 항상 내게 직설적으로 말했다.

"서울아 나 너 좋아해, 우리 앞으로 만나면서 천천히 알아가자."

하지만 그는 내 생각과 달라도 너무 달랐다. 그는 내게 자신의 스타일을 강요했고, 친구들의 여자 친구와 나를 비교하기 일쑤였다. 나는 그때마다 할 말을 잃었다.

"서울아, 표현 좀 적극적으로 하고 너도 애교 좀 부려봐. 내 주변 친구들 보면 게네 여자 친구는 안 그러던데 넌 대체 왜 그래? 너 진짜 나 좋아하긴 해?"

그가 잔뜩 인상을 구기며 화난 얼굴로 내게 물었다. 나는 그 순간, 입이 얼어붙은 것처럼 떨어지지 않았다. 매일매일, 내 나름의 방식으로 그에게 최선을 다했다. 하지만 그는 내 표현 방식이, 내 말투와 성향이 모두 마음에 들지 않는 모양이다. 인내심은 한계에 다다랐다. 생각하고, 또 생각해봐도 나는 잘못한 게 없었다. 그땐 정말 억울하고 속이 상했다. 내가 왜 그의 앞에서 이렇게 죄인처럼 고개를 푹 숙이고 듣고만 있어야 하는지 좀처럼 납득이 가지 않았다.

"내가 살다 살다 너 같은 여잔 처음 봤어 좀처럼 네 속을 모르겠다, 이럴 거면 우리 헤어지자."

그 순간, 나는 아무 말도 하지 못하고 그곳에 돌처럼 굳어있었다. 몸이 얼어붙은 것처럼 움직여지지 않았고 목소리 또한 나오지 않았다.

"내가 마지막으로 너한테 기획 한번 줄게. 너도 다른 여자애들처럼 애교도 좀 부리고 적극적으로 표현해. 그럼 내가 너랑 다시 만나는 거 고려해볼게. 그리고 트라우마는 원래 극복하라고 있는 거야 이 바보야."

그는 그 말 한마디로 나를 완전히 애송이로 만들어 버렸다. 나는 그때부터 사람을 절대 믿지 않았다. 조금 더 정확하게 말하면 사람을 믿지 못하게 됐다. 수현은 내게 "부담 갖지 말고 우리 만나서 얘기 나누고 밥 먹자"고 말했다. 내가 선뜻 대답하지 못하자, "누나, 불편한 거면 말고"라고 말했고, 내가 이렇게 우유부단하게 행동하는 게 어쩌면 상대방을 더 불편하게 만들지도 모른다는 생각이 들었다.

「아냐, 밥 먹자 우리.」

나는 고심 끝에 수현을 만나기로 했다.

어색할 거라는 내 예상과 달리 우리는 고향 친구를 만난 것처럼 참 편안했다. 우리는 만나자마자 서로를 한눈에 알아봤다. 내가 먼저 수현에게 다가가 "안녕."하고 밝게 웃으며 인사했다. 수현은 날 보며 "누나, 웃는 모습 정말 해맑다"라고 말하며 수줍게 웃었다. 우리는 만나자마자 한 양식집으로 향했다. 먹음직스러운 목살 스테이크와 크림 파스타, 그리고 잔잔한 음악과 내내 끊이질 않는 대화. 모든 게 완벽 그 자체였다.

우리는 같은 한국인이라는 교집합뿐만 아니라 훨씬 비슷한 점이 많았다. 이를테면, 그건 서로의 음악적 취향이라거나, 좋아하는 색상,

음식을 가리지 않는 것, 카페를 좋아하는 것과 같은 아주 소소한 것들.

저녁 무렵 수현은 나를 버스정류장 앞까지 데려다주고 날 보며 정답게 손을 흔들었다. 해맑게 웃는 그의 모습이 꽤 귀여웠다. 그는 유쾌했고, 내내 매너가 있었다. 그는 겉으로는 잘 드러나지 않지만 은은한 향기가 그윽한 향초 같았다.

기나긴 유학 생활을 마치고, 이번에 입국했다고 수현은 내게 말했다.

"나는 곧 서울로 가. 대학교 입학하기 전에 잠시 할머니 댁에서 지내고 있어. 여기에 아는 사람 없어서 심심했는데 이제 누나 만나서 놀면 되겠다."

우리는 매일같이 만나서 밥 먹고, 온종일 카페에서 대화를 나눴다. 서로가 좋아하는 음식, 취향 등을 천천히 알아가면서 서로에게 물들어갔다. SNS에 올라와 있는 맛집을 모조리 찾아 우리는 함께 갔고, 최신 영화가 개봉하면 함께 심야 영화를 보기도 했다. 어느새, 우리는 동성 친구보다 가깝고 연인만큼 자주 만나고 있었다. 그렇게 하루하루같이 있는 시간이 늘어났고, 서로의 소소한 일상을 함께 공유하게 됐다. 그는 내가 좋아한다고 말했던 음식을 모두 기억해뒀다가 누나, 이번 주에 같이 먹으러 갈래? 혹은 누나 이거 좋아해? 라고 물으며 적극적으로 표현했다. 우리는 평소 서로의 목소리를 자주 공유했다. 보통 수화기를 들고 있으면 기본적으로 한 시간에서 두 시간가량 통화 했고, 새벽 내내 통화를 한 적도 있었다. 지인들은 개가 너 좋아하는 거 아냐? 라고 내게 물었다.

"그럴 리가, 절대 아냐. 서울 가면 예쁜 애들도 많을 텐데 뭐…. 그냥 나 혼자 짝사랑하는 거야."

나는 시간이 지나면 지날수록 점점 그에게 빠져들었다. 주변 사람들에게 그런 말을 들으면 들을수록 더욱 혼란스러웠다. 매일같이 본인의 시간을 내게 내어주는 그의 모습이 나를 더 헷갈리게 만들기 충분했다.

「누나, 지금 뭐해? 병원도 지금 점심시간이지?」
「응. 지금 엄마 물리치료 받으시고 병실에 모셔 다 드리고 있어.」
「누나. 그럼 점심시간에 잠깐 볼래? 누나 계속 병실에 있어서 답답하고 힘들겠다. 내가 잠깐 일이 있어서 이 근처에 왔거든. 시간 되면 말해줘.」
「아 그래? 무슨 일? 너 무슨 일 있어? 그냥 볼일 보러 나온 거야? 근데 어쩌지 나 방금 엄마랑 병원에서 밥 먹었는데….」
「아니, 그냥 집에만 있으니깐 나도 답답해서…. 갑자기 햄버거가 먹고 싶기도 하고, 그냥 겸사겸사 근처에 일이 있어서 일보고 잠깐 누나 얼굴이나 볼까 했지.」

그날도 수현은 나를 헷갈리게 했다. 카페 안은 에어컨 바람으로 냉기가 가득했다. 아주 세게 튼 에어컨 바람에 내 입에서는 아 추워. 라는 말이 절로 나올 정도였다. 나는 민소매 사이로 드러나는 내 팔을 연신 문질렀다. 그는 초코케이크를 먹다 말고 포크를 내려놓으며 내게 말했다.

"누나, 이거 입어."

그러곤 가방에서 옷을 꺼내 나에게 건넸다.

"아니야, 나 진짜 괜찮아."

나는 웃으며 정중히 거절했다.

"이거 가져가서 입어. 지금 누나 얼굴 창백해. 거절하지 말고 그냥 줄 때 입어."

그는 차분히 내게 옷을 건네 등을 덮어주었다. 나는 그런 수현의 친절함이 자꾸 헷갈리기만 했다.

"고마워 수현아. 내가 빨리 돌려줄게."

"아니야, 편하게 입고 돌려줘 어차피 나도 지금은 필요 없어서 괜찮아. 고마우면 인증사진 찍어서 보내줘 얼굴 잘 나오게."

나는 수현에게 묻고 싶었다. 우리 지금 무슨 사이인 거냐고. 병실로 돌아온 나는 수현에게 받은 카디건을 입고 사진을 찍어 메시지를 보냈다.

「고마워, 덕분에 덜 춥다. 잘 입고 세탁해서 돌려줄게.」

「누나, 얼굴이 잘 안 보여 다시 보내줘 얼굴 잘 나오게.」

나는 이런 그의 행동이 이해가 가지 않았다. 하지만 도저히 물을 수 있는 용기가 없었다. 너 왜 이렇게 나한테 친절해? 혹은 우리 무슨 사이야? 라고 괜히 물었다가 그 흔한 짝사랑도 더는 못하게 될 것 같았다.

「카디건 누나랑 잘 어울리네. 날씨도 쌀쌀한데 그거 잘 입고 다녀 병실에서 계속 집에도 못 가고 그래서 누나 지금 옷도 없다며.」

그렇게 우리는 매일매일 쉴 틈 없이 연락을 주고받았다. 아침에 일어나서부터 자기 전까지 내내, 그다음 날도, 그 다음다음 날도 우리는 연락을 주고받았다.

「누나 지금 병원 점심시간이지? 나 지금 병원 근천데, 누나 잠깐 시간 되면 만날래?」

「너 지금 정확히 어딘데? 너 안 바빠? 괜찮아?」

「응, 괜찮아. 그럼 이따가 내가 전화하면 내려와 우리 카페 가자.」

「응, 알았어.」

날씨는 예고도 없이 갑작스레 쌀쌀해졌다. 어느덧, 여름에서 완연한 가을이 됐다. 병실에 있는 내 옷은 여름옷이 전부였다. 카페 안은 바깥 공기와 확연한 차이를 보였다. 실외가 그냥 쌀쌀한 정도의 가을 날씨라면, 카페 안은 온통 냉랭한 바람이 부는 초겨울 같았다. 나는 말없이 팔을 비볐다. 수현은 이번에도 가방에서 주섬주섬 뭔가를 꺼냈다.

"누나, 이거 가져가."

그가 내게 건넨 건 다름 아닌 후드 점퍼였다.

"나 진짜 괜찮은데…."

나는 난처한 듯이 웃으며 말했다.

"춥다고 하지 말고 그냥 이거 가져가서 입어."

"아니야, 나 진짜 괜찮아 너도 입어야 하잖아. 할머니 댁에 있으면 옷도 많이 없을 텐데…. 근데 수현아, 너 이거 나 왜 주는 거야? 너는 원래 그렇게 모든 여자한테 다 친절해?"

"누나 병실에 에어컨 바람이 차서 춥다고 하니까 그리고 병실엔 지금 당장 가을옷도 없잖아. 그냥 부담 갖지 말고 받아. 어차피 나는 할머니 댁에 옷 좀 더 있어. 그리고 음…. 나는 친하거나, 좀 더 알아가고 싶거나 아니면, 내 사람이라고 생각하면 그런 편이야. 근데 갑자기 그건 왜?"

그의 말 한마디가 내 머릿속을 온통 헤집어 놨다. 수현에게 받아든 후드 점퍼에서는 은은한 아기 파우더 향이 났다.

"아니, 그냥…. 네가 나한테 너무 친절한 거 같아서 다른 여자들한테도 다 그런가 하고."

"좀 더 알아가고 싶거나, 친하면 평소에 잘 챙겨주는 편이야."

"아 그렇구나. 알겠어."

며칠 뒤, 나는 병원 근처에서 친한 지인들을 만났다. 오랜만에 만난 만큼 대화가 끊이질 않았다.

"언니 저 요즘 짝사랑 중이에요. 그래서 너무너무 힘들어요."

"네 얘기 다 들어보면 그냥 짝사랑은 아닌 거 같은데? 그 남자애도 너한테 관심 있는 거 아냐?"

나는 강하게 손사래 쳤다.

"에이, 언니 아니에요. 그런 거면 저한테 좀 더 적극적으로 표현했겠죠. 사귀자고 했거나."

"내가 봐도 그런 거 같은데 너한테 관심 있으니까 계속 시간 내서 너 만나는 거 아냐?"

"솔직히 저도 잘 모르겠어요. 그냥 걔가 어항 속 물고기에게 밥 주듯이 그렇게 시간 맞춰서 저한테 밥 주는 거 같아요."

지인들은 서울아. 혼자 힘들어하지 말고 그냥 속 시원하게 물어봐. 라고 말했다. 나는 내내 고민했다. 하지만 과거의 상처가 내 발목을 잡아 놔줄 생각을 않는다. 나는 그 상처가 그에게로 옮아가 그를 다치게 할까 봐 내내 염려스러웠다.

"언니들, 근데 무슨 사이냐고 걔한테 물어보면 저 이제 짝사랑도 못하는 거잖아요. 지금처럼 그냥 두면 혼자 앓겠지만 그래도 짝사랑은 할 수 있는데…. 걔 보고 좋아한다고 사귀자고 말해서 잘 되면 정말 좋은데, 사귀다가 싸우고 헤어지기라도 하면 저는 걔랑 이제 누나 동생도 영영 못 하는 거잖아요…."

지인들은 내 손을 꼭 잡으며 울지 마 서울아. 라고 말했다. 그리고 지인 중 한명은 내게 이렇게 말했다.

"네 말처럼 그럴 수도 있지. 근데 서울아, 모든 게 다 때가 있는 거 같아. 정말 인연이면 걔가 서울로 가도 만나게 될 거고 그게 아니면 끝이 날것이고 그러니까 너무 슬퍼하지 마."

내 머릿속에는 온통 수현 생각뿐이었다. 지인들과 헤어지고, 병실에 도착해서 여느 때와 다름없이 그와 연락을 했다.

「수현아 늦었는데 이 시간까지 뭐해 안자?」
「그냥 이런저런 생각 중이야. 누난 재밌게 잘 놀았어?」

수현은 의미심장하게 말했다.

「무슨 생각? 너 무슨 고민 있어?」

「누나 생각.」

나는 그 순간 핸드폰을 확인 후, 잠시 동안 아무 말도 하지 못했다. 하지만 수현은 바로 장난이야, 라고 말했다. 나는 역시나, 그가 어항 속 물고기에게 밥을 주듯이 그렇게 찔끔찔끔 밥을 주는 게 틀림없다고 생각했다.

어느 날, 그의 SNS에서 거절당할까 봐 무서워요, 라는 댓글을 보게 됐다. 그 댓글을 보고 이게 뭘까, 하고 한참 고민했다. 결국 내가 고민한 끝에 내린 결론은 그가 좋아하는 사람이 따로 있다는 거였다. 심장이 쿵, 하고 내려앉는 것 같았다. 그래서 이제 그와 거리를 두기로 마음먹었다. 하지만 그게 맘처럼 쉽지가 않았다. 하루하루 시간이 지나면 지날수록 내 마음은 수현에게 점점 가고 있었으니까.

나는 지금 수현에게 묻고 싶은 게 아주 많다. 내가 고민이 생겼다고 했을 때 핸드폰 배터리가 몇 프로 남지 않은 상황에서 왜 내게 전화를 걸어 내 얘기를 늘어준 건지, 그동안 SNS에 맛집이라고 나오는 곳을 모두 찾아 왜 이번 주에 나랑 같이 가자, 라고 한 건지, 내가 메신저 상태 메시지를 바꾸면 누나 무슨 일 있어? 라고 왜 먼저 물어봐 준 건지, 내가 춥다고 했을 때 왜 자기 옷을 가져다준 건지, 왜 내 볼을 꼬집으며 귀엽다고 한 건지. 결국, 나는 수현에게 또다시 물었다.

"수현아, 너 원래 이렇게 모든 여자한테 친절해?"
"응? 내가 저번에 말하지 않았나? 나는 친하거나, 내 사람이라고 생각하거나 아니면 더 알아가고 싶으면 챙겨주는 편이라고."

나는 그의 대답이 여전히 헷갈리기만 했다.

며칠 뒤, 수현에게서 문자가 왔다.

「누나, 지금 시간 돼?」
「되긴 하는데, 나 지금 명절 지내러 할머니 댁에 와서 바로 출발해서 집 들렀다가 짐 놓고 가려면 시간이 좀 걸리는데 괜찮아? 그럼 우리 한 시간 정도밖에 못 볼 텐데 어쩌지? 아니면 우리 나중에 볼래?」
「괜찮아, 잠깐이라도 보자. 나 이제 서울 가면 누나 보기 힘들 것 같아서 얼굴 보려고.」

그 말에 나는 재빨리 집에 들러 짐을 내려놓고 옷을 갈아입었다. 그러고 나서 빛의 속도로 약속 장소로 달려갔다. 하지만 나는 약속시간보다 훨씬 더 늦게 도착했고, 우리는 대략 20분 정도밖에 얼굴을 볼 수 없었다.

"미안해, 수현아 많이 기다렸지? 할머니 댁이 우리 집에서 멀어서 너 만날 줄 알았으면 미리 준비하고 나 먼저 집에 가 있는 건데 갑자기 정해져서."

"아니야, 내가 갑자기 정해서 그렇지. 누나 얼굴 보고 천천히 얘기도 좀 하려고 했는데 내가 기차 때문에 곧 가야 해서 카페 가서 얘기까진 못하겠다."

우리는 카페에서 스무디를 포장해서 바로 나와야 했다.

"수현아 잘 가. 서울 조심히 가고 가서 대학 생활도 잘하고."

"응 고마워, 근데 누나 뭐야. 마지막처럼 왜 그래?"

나는 그를 향해 활짝 웃고 싶었다. 하지만 내 입꼬리가 말을 듣지 않았다. 그는 나를 버스정류장까지 데려다줬고 나는 버스를 타고 수현을 향해 애써 웃으며 손을 세차게 흔들었다. 버스 맨 뒤 창가에 앉아, 이어폰을 꽂고 음악을 켰다. 스웨덴세탁소의 목소리라는 곡이 흘러나왔다. 그 순간, 갑작스레 눈물이 왈칵 쏟아졌다. 더는 그를 볼 수도 그의 목소리를 들을 수도 없을 거라는 생각에. 내가 버스에 앉자, 수현에게 바로 문자가 왔다.

「뭐야, 누나 표정 왜 그렇게 어두워? 뭐 안 좋은 일 있어?」

나도 모르게 굳은 표정을 수현에게 들켜 버렸다.

「아니, 그래 보였어? 전혀 그런 거 없는데. 그나저나 너 서울 가면 이제 우리 못 보겠다.」

나는 천연덕스럽게 말했다.

「뭐야? 그거 때문이야? 연락이야 계속할 거고 틈틈이 만나면 되지. 서울 대전 거린데 뭐, 먼 거리도 아니고.」

우린 그 이후에도 내내 연락을 주고받았다. 하지만, 나는 그와 점점 멀어질 준비를 하고 있었다.

「누나, 좀 많이 달라진 거 같아. 말로 표현할 순 없지만 좀 차가워졌어. 뭔가 나를 피하는 것 같기도 하고 멀어지려고 하는 같기도 해.」

「아니야, 그런 거. 네가 잘못 본 거야.」

「아 그래? 그럼 다행이고 난 또 내가 싫어서 연락 끊으려고 하는 줄 알았지.」

그 후에도, 수현은 내게 매일 같이 연락을 했고 나는 연락을 주고받으면서도 그와 서서히 멀어지려고 애썼다. 왜냐하면, 그는 따로 좋아하는 사람이 있으니까. 물론, 내가 내린 결론이 틀릴 수도 있지만, 그때 나는 왠지 모르게 확신했다. 내가 새벽에 그의 SNS에서 거절당할까 봐 무서워요, 라는 댓글을 분명히 보았기 때문이다. 그와 서서히 멀어져야만 한다는 사실이 내 마음을 더 아프게 했다. 나는 그에게 좋아한다고, 내 입으로 직접 고백하고 싶었다. 혼자 노래방에서 짝사랑 노래를 연습하고 녹음을 하고 그에게 전송 버튼 누를까 말까 내내 고민하다가 거듭 취소 버튼을 눌렀다.

수현은 대학교에 입학해서 서울로 떠났다. 수현과 매일같이 만나서 밥을 먹고 얘길 나누던 그때가 그리웠다. 하루하루 시간이 지나면 지날수록 내 짝사랑은 깊어졌다. 이대로는 도저히 안 될 것 같았다. 시간이 가면 갈수록 커져만 가는 내 마음을 더는 모르는 척할 수가 없었기 때문이다. 그래서 나는 차이더라도 내 입으로 직접 고백을 하기로 했다.

「수현아, 나 너한테 할 말 있는데.」
「뭔데?」
「얼굴 보고 해야 하는 얘기야.」
「문자로는 할 수 없는 얘기야?」
「응. 문자로는 안 돼.」

「어쩌지, 나 개강해서 조별 과제랑 팀 과제가 좀 많거든 그래서 당분간은 좀 바쁠 거 같은데. 아니면 전화로 하면 안 돼?」

「응, 안 돼. 꼭 네 얼굴 보고 해야 해.」

나는 그 어느 때보다 단호했다.

「음, 그럼 내가 이번 주는 어렵고 다음다음 주나 돼야 시간이 날 것 같은데 괜찮아?」

「응 괜찮아.」

「근데 그때도 내가 또 확실치가 않아서 누나 기다릴까 봐. 아니면 누나가 시간 되면 서울로 올래?」

「그럼 내가 갈게.」

수현은 학교생활에 몹시 바빠 보였다. 하지만, 상황은 내 쪽도 마찬가지였다. 당장 수현에게 달려가고 싶은 마음이 굴뚝같았지만 나 역시 바로 달려갈 수 있는 상황이 아니었다. 차일피일 미루고 미루다 결국 그를 만나지 못했고 내 마음을 고백하지 못했다. 그러던 어느 날, 그가 내게 물었다.

「누나, 나 친구가 소개팅 시켜준다는데 받을까? 말까?」

「그걸 왜 나한테 물어? 네가 알아서 해. 받고 싶어서 묻는 거 아냐?」

나는 정말 화가 났다. 그래서 수현에게 버럭, 하고 화를 냈다. 이걸로 확실해졌다. 그가 나에게 조금의 호감도 없다는 것이. 얼마 지나지 않아, 수현의 SNS에 여자 친구와 함께 찍은 듯한 사진이 올라왔다. 나는 그가 연애를 하게 되어 내심 다행이라고 생각했다. 하지만 그 후, 나는 몇 날 며칠 상사병을 앓았다. 그날 밤, 나는 소리도 내지 못하고 불 꺼진 방안에서 이불을 뒤집어쓰고 밤새 울었다. 우리의 관계가 달라진 만큼 나는 더는 수현에게 연락을 할 수가 없었다. 나는 수현에게 차이더라도 그때 내가 널 정말 많이 좋아했어, 라는 그 순수한 마음을 지금이라도 말하지 않으면 두고두고 후회할 거 같았다. 결국, 그에게 문자를 보냈다.

「수현아, 바빠?」

「아니, 왜? 누나 뭐 할 말 있어?」

「응, 내가 할 말이 있는데 나한테 시간 좀 내줄 수 있어?」

「응, 뭔데? 얘기해.」

「수현아 나 너 많이 좋아했었어. 내가 지금 이 얘길 꺼내는 이유는 이 시간이 지나면 나는 절대로 이 말을 못 할 것 같아서. 그럼 내가 평생 후회할 것 같아서 그동안, 네 덕분에 많이 웃었어. 고마워 수현아. 내가 널 진심으로 많이 좋아했다는 거 그것만 좀 알아줘 그리고 오해는 하지 마. 사귀자는 말이 아니야 지금 여자 친구 있는 거 나도 잘 알고 있고.」

수현의 답장을 기다리는 그 시간은 일분일초가 마치 일 년처럼 아주 더디게 느껴졌다.

「누나, 조금만 더 일찍 말해주지. 우린 그냥 서로 타이밍이 엇갈린 것 같아. 여자 친구는 참 착하고 예쁜 애야, 이제 여자 친구 생겨서 예전처럼 지낼 순 없을 것 같아. 당장은 많이 아프겠지만 시간이 흐르면 우리도 예전처럼 웃으며 볼 수 있는 날이 오겠지.」

나는 흐르는 눈물을 훔치며 그에게 답장을 보냈다.

「수현아, 여자 친구 생긴 거 진심으로 축하해! 정말 잘 어울리더라. 예쁘게 잘 만났으면 좋겠다. 그리고 고마워, 그렇게 말해줘서. 그럼 잘 지내 수현아.」

 시간이 흐르면 괜찮아질 거라는 그의 말이 내 마음을 더 아프게 했다. 나는 그 후로 수현을 볼 수도 연락을 할 수도 없었다. 문득, 지금 생각해보니 나는 수현을 짝사랑한 게 아니었다. 나는 그걸 무려 5년이란 시간이 흘러 비로소 깨달았다. 어쩌면, 그 시절 수현은 나 너 좋아해 서울아, 라는 언어 대신 끊임없이 행동으로 내게 좋아한다고 표현을 하고 있었던 건지도 모른다. 그게 비록 내가 원하던 사귀자, 서울아 나 너 좋아해, 라는 확실한 언어적 표현은 아니었을지언정, 수현은 끊임없이 행동으로 그 표현을 대신하고 있었던 것이다. 나도 그땐 미처 몰랐다. 나 역시 너무 어렸기에. 그땐 사랑해, 좋아해. 우리 사귀자고 꼭 언어로 표현해야만 그게 진짜 사랑인 줄 알았다.

 그때, 나는 너무 어려서 내 눈에 보이는 게 전부인 줄만 알았다.
 그때, 나는 너무 어려서 그의 마음의 소리를 절대 들을 수가 없었다.

내 마음대로 생각하고
내 마음대로 판단하고
내 마음대로 좋아하고
내 마음대로 소설 쓰고
네 마음대로 끝나는

짝사랑

2부

별일 있는 나날들

연애의 시작

그는 한참, 뜸들이다가 내게 말했다.
그의 굵은 목소리가 아까부터 가느다랗게 떨려온다.
"그러니까 내 말은…. 우리 만나면서 좀 더 알아가 볼래?"
"오빠, 죄송한데요, 제가 너무 갑작스러워서. 저 집에 가서 곰곰이 생각 좀 해봐도 돼요?"
그는 퍽 당황한 모습이다. 때마침, 적당한 타이밍에 집으로 가는 버스가 도착했다. 나는 부끄러워서 도망이라도 치듯이, 바로 버스에 올라탔다. 그리고 그의 시야에서 내가 사라질 때쯤 내내 고민하다가 그에게 문자를 보냈다.

「오빠 정말 죄송한데요. 저는 아직 오빠를 잘 모르고 오빠도 저를 잘 모르시잖아요. 그러니까 우리 앞으로…. 오빠 말대로 천천히 알아가요. 저도 좋아요. 이게 오빠 고백에 대한 제 답이에요.」
「아 놀랬잖아, 컬러 메일에 죄송한데요. 줄임표는 진짜 식겁했다. 그럼 우리 오늘부터 사귀는 거야? 와…. 진짜 실감 안 난다 이렇게 예쁜 애가 내 여자 친구라니 이럴 줄 알았으면 아까 그렇게 보내지 말걸. 아 벌써 보고 싶다.」

그의 행동 하나하나에
내내 심장이 두근거렸던 어느 날

이별의 시작

이불 속에서 한참을 울었어.
너와 내가 남이라는 사실을 차마 받아들일 수가 없어서
매일매일, 따뜻한 눈빛으로 날 바라봐주던 너를
사랑해, 라고 내 귓가에 나긋한 목소리로 속삭이던 너를
밋밋한 내 민낯도 귀엽다고 날 꼬집던 너를
그렇게 과분한 사랑을 줬던 너를
이제 그만 놓아줘야 하는데
나는 여전히 너를 놓지 못한 채
밤새 퉁퉁 부은 눈으로 너에게 문자를 보내

「서툰 애정 표현도, 나를 배려해서 했던 모든 말과 행동도 선함이 묻어 있는 네 말투도 내내 생각날 거야. 정말 연락 안 하려고 했는데 미안해. 아프지 말고, 울지도 말고 술 많이 마시지 말고 건강하게 잘 지내. 네가 많이 보고 싶을 거야…. 그동안 나를 변함없이 아껴줘서 정말 고마워. 그럼 진짜 안녕 한때는 내 전부였던 사람.」

삼십 세 1

삼십 세가 되면 뭔가 되어있을 줄 알았다. 안정적인 직장, 사랑하는 사람과의 꿈꾸던 결혼. 어쩌면 나는 그런 진부한 걸 꿈꿔왔는지도 모른다. 나는 삼십 세가 되면 당연히 너와 함께일 거라고 생각했다. 하지만 현실은 냉혹하기만 했다. 삼십 세가 된 나는 여전히 불안하고, 여전히 선택이 어렵고 여전히 잘 상처 받는다. 삼십 세가 넘으면 결혼정보 회사에서도 잘 안 팔린다는 엄마의 말에, 내가 물건이야? 팔리긴 뭘 팔려, 라고 큰소리쳤지만 몇 년째 사법고시를 준비 중인 너를 보며 나는 내내 불안했다. 삼십 세가 넘도록 너를 기다리다가 뻥 차일지도 모른다는 엄마의 말이 현실이 될까 봐.

"은수야, 많이 기다렸지 미안."

"아니야 나도 방금 왔어."

오랜만에 너를 만난다고 1시간이나 일찍 나와서 미용실에서 드라이까지 하고 나왔다. 회사 업무는 수도 없이 밀려있었고, 밥 먹듯이 야근을 하다가 오랜만에 맞는 주말이었다. 이틀에 한 번꼴로 코피를 쏟고, 상사에게 호되게 깨져가면서 오늘 못 보면 또 언제 볼지 모르는 너를 보기 위해 나는 내내 참고 여기까지 왔다. 오랜만에 만나는 너를 기다리게 하고 싶진 않았다. 사법고시를 준비하는 너에게 1분 1초가 어떤 의미인지, 얼마나, 간절하고 다급한지 잘 알기에. 그렇게 기차를 타고 1시간이나 먼저 와서 널 기다렸다. 내내 궁금했다. 네가 아픈 곳은 없는지, 그동안 혼자 밥은 잘 챙겨 먹었는지 내가 보고 싶진 않았는지.

"은수야. 은수야, 내가 몇 번이나 불렀는데 무슨 생각을 그렇게 골똘히 해? 뭐 시킬 거냐고. 오늘은 내가 살게 부담 갖지 말고 골라."

네가 내게 건넨 건 다름 아닌 커피 쿠폰 두 장이었다. 10개 모으면 아메리카노 하나를 공짜로 준다는 그 쿠폰. 나는 할 말이 없었다.

"미안해 재원아 요즘 내가 생각할 게 좀 많아서 나 너랑 같은 거 차가운 거로."

너는 직원에게 가서 커피를 주문하고 내게 돌아왔다.

"자, 여기 우리 은수가 좋아하는 아메리카노. 그동안 잘 지냈어?"
"고마워 잘 마실게. 나야 뭐 똑같지. 계속 야근하고."
"어쩐지 오늘 좀 피곤해 보인다 했어."

나는 너를 만난다고 설레어, 밤새 밤잠을 설치고 수많은 대중교통을 이용해서 여기까지 왔다. 그런데 네 말 한마디로 내가 널 만나기 위해 여기까지 온 게 모두 아무것도 아닌 게 됐다. 속이 상하고, 화가 나서 뭐라고 대꾸해야 할지 몰랐다. 그렇게 한참을 고민하다가 어렵게 입을 뗐다.

"아픈 곳은 없고?"

"없어. 은수 너는?"

"나도 없어."

"지난번에 반찬 잘 먹었어 고마워. 총무님이 여자 친구한테 잘하래 너 같은 여자도 없다고."

나는 대답 대신 살짝 미소 지었다.

"은수야."

너는 나지막이 내 이름을 불렀다. 나는 조용히 응. 이라고 말하며 너를 응시했다.

"나 너 많이 좋아해. 그거 알지?"

나는 조용히 고개를 끄덕였다. 이상했다. 오늘따라 네 목소리가 유난히 기운 빠져 보이는 것 같았다.

"은수야. 우리 이십대 중반에 만나서 벌써 삼십이네. 나한테도 꿈이 있었는데, 사법고시 합격해서 너랑 결혼하는 거."

나는 바로 하면 되지. 라고 말했다.

"은수야. 예전에는 돈이 다가 아니라고 생각했는데, 이젠 돈이 다인 것 같아. 내가 돈이 없어서 너랑 결혼도 꿈꿀 수가 없고. 너랑 살 방 한 칸 마련할 돈도 없고 내 현실이 지금 좀 힘들다."

입이 얼어붙은 것 같았다. 더는 말이 나오지 않았다. 뭐라고 해야 좋을지 좀처럼 생각나지 않았다. 나는 괜찮다고, 그래도 네가 좋다고 말하고 싶었다. 그런데 나 역시 괜찮지 않았던 모양이다. 그 어떤 말도 내 입에서 튀어나오지 않았다. 우리는 그저 서로의 눈치만 봤다.

"은수야."

너는 은수야, 하고 말끝을 흐렸다. 나는 다음에 이어질 말을 이미 직감했다. 네가 말을 하지 않아도 충분히 느낌으로 알 수 있었다. 4년이란 시간은 네 말을 다 알아차리기에 충분했다.

"재원아, 제발 그만."

"우리 이쯤 하자. 나는 너를 더는 행복하게 해줄 자신이 없어. 미안해."

"누가 그래. 나 지금도 충분히 행복해. 나 너랑 절대 못 헤어져."

내 모습은 마치 징징대는 아이 같았다. 달콤한 사탕을 입에 물고 있다가 달콤한 사탕을 누군가에게 강제로 빼앗긴 기분이었다. 너무나 허탈해서 눈물이 났다.

"은수야, 그동안 못난 나를 사랑해줘서 고마웠어. 내가 월세 보증금이라도 마련할 수 있는 형편이었다면 내 자존심 같은 거 다 내려놓고 널 붙잡았을 거야. 정말 미안해 은수야."

나는 떠나려는 너의 소맷자락을 꽉 붙잡으며 가지 마 윤재원. 라고 소리쳤다.

"은수야, 네가 이러면 내 마음도 편치가 않아. 나도 정말 많이 고민하고 내린 결정이야 미안해."

너는 내 두 손을 살짝 내려놓으며 내게 남색 손수건을 건네고 뒤도 돌아보지 않고 가버렸다. 그때, 갑자기 소나기가 내렸다. 나는 우산이 없었고 이 순간만큼 비참한 순간은 없었다. 엄마의 말대로 삼십세가 넘도록 널 기다리다가 너에게 차였고, 또 비까지 오고 있다. 내내 참았던 눈물이 내 뺨을 뒤덮었다. 눈앞에서 너와 함께한 내 모든 청춘은 두 동강이 나 사라져버렸다. 나는 여태껏 큰 욕심이 없었다. 그저 너와 함께 작은 월세방 한 칸이라도 나는 정말 괜찮았다. 친구들은 나를 세상 물정 모르는 애 취급했지만 나는 그저 너라서 좋았다.

"오늘 저희 카페 마지막 고객님이세요. 밖에 비도 많이 오는데 이 우산 쓰고 가세요. 그리고 이건 제가 방금 구운 포춘 쿠키에요. 한 번 맛보세요."

직원은 내게 초록색 우산과 포춘 쿠키 두 개를 건넸다.

"감사합니다."

나는 떨리는 목소리로 말했다. 포춘 쿠키를 한 입 베어 물었다. 포춘 쿠키의 기다란 종이에는 인쇄된 글자가 아주 또박또박 적혀 있었다.

≪당신은 우는 모습 보다 웃는 모습이 더 예뻐요. 살다 보면 좋은 일도 있고, 나쁜 일도 있겠지만 그래도 꿋꿋이 살아가세요. 때론 나쁜 일이 파도처럼 휩쓸려 와 당신을 힘들게 할지도 모르지만, 기억하세요. 오늘 당신에게 기운 빠지는 일만 수두룩했다면, 앞으로는 당신에게 좋은 일만 수두룩할 거니까. 인생은 새옹지마 전화위복≫

나는 포춘 쿠키에 적혀있는 메시지를 읽고 결국 감정을 주체하지 못해 소리 내어 엉엉 울어버렸다. 직원이 준 우산을 들고 카페 밖으로 나왔다. 빗줄기는 점점 굵어졌고, 쉽게 그칠 것 같지 않았다. 나는 너무 서러웠다. 우산을 펴자 우산 속에 은수 꺼, 라는 익숙한 세 글자가 유성 매직으로 아주 커다랗게 적혀있었다. 그건 분명 네 우산이 틀림없다. 왜냐하면 그건 너와 만날 때 내가 너 다른 여자 보면 죽어, 나만 봐 라고 내 손으로 적은 거였기 때문이다. 혹시 네가 이 근처에 있진 않을까 어쩌면 나와 그리 멀리 떨어지지 않은 곳에서 나를 지켜보고 있는 건 아닐까 하는 생각에 나는 우산을 쓰고 울면서 주변을 두리번두리번 거렸다. 하지만 너는 그 어디에도 없었다. 지금 내리는 비는 꼭 너 같았다. 내내 기다려도 다시 돌아오지 않을 너처럼 비는 기다려도 그치지 않았다.

 나는 이제 잘 모르겠다. 나 자신을 어떻게 위로해야 할지. 태어나단 한 번도 해본 적이 없다. 타인이 아닌 오직 나 자신을 위로 하는 일은. 그래서 오늘은 그냥 이대로 두기로 했다. 시간이 흘러 좀 괜찮아질 때까지, 스스로 담담해질 때까지. 비록 너는 우리라는 책장을 넘겨버렸지만, *나는 그 선택이 타인이 아닌 오직 네 선택이었기를 지금 이 순간 간절히 염원한다.*

삼십 세 2

　　　　나는 삼십 세가 되면 뭔가 되어 있을 줄 알았다. 하지만 지금 나는 생각보다 보잘것없고 하고 싶은 걸 하기 위해선 나는 돈이 필요했다. 내 현실은 내내 막막하기만 했다. 나는 3년째 시험에서 낙방했고 4년 사귄 여자 친구를 계속 기다리게만 했다. 나는 너무 무서웠다, 이러다 모든 게 다 끝이 날까 봐. 지금껏 나는 노력하면 뭐든 다 이뤄진다고 믿었다. 그런데 내가 간과한 게 하나 있다. 이 세상에는 아무리 노력해도 어쩔 수 없는 마음이라는 게 존재한다는 걸.

　내 고시원 책상의 달력에는 빨간색 볼펜으로 별표가 가득 처져 있다. 오늘은 드디어, 너를 만나는 날이다. 그 사실이 설레어 밤새 잠을 설쳤다. 그때, 핸드폰 진동이 울렸다.

　"여보세요, 안녕하세요. 어머님 그동안 잘 지내셨어요? 죄송해요. 제가 먼저 전화 드렸어야 했는데. 어디 편찮으신 곳은 없으세요? 목소리가 너무 안 좋으신데, 어머님 혹시 감기 걸리셨어요?"

수화기 너머 어머니의 떨리는 목소리가 내 귓가에 선명히 들렸다.

"재원아, 미안해. 나도 어쩔 수 없는 부모인가보다."

"네? 어머님 그게 무슨 말씀이세요?"

나는 내 두 귀를 의심했다. 이건 분명 내가 잘못 들은 게 틀림없다.

"재원아 네가 우리 은수 만나면서 많이 아껴주고 사랑해준 거 누구보다 내가 잘 알아. 근데 은수가 언제까지 너랑 그렇게 연애만 할 순 없잖니. 재원아 결혼은 현실이야."

어머니의 담담한 말투에 가슴이 아팠다. 내 기분 탓이었을까, 수화기 너머 어머니의 목소리는 내내 떨리는 것 같았다.

"어머님."

나는 나지막이 어머니를 불렀다. 친근하게 입에 찰싹, 붙어버린 어머님이라는 호칭 때문에 더 마음이 아팠다.

"재원아, 너희 부모님 그렇게 가시고 부유했던 너희 집안까지 어려워지고 네가 사법고시 불합격 통보를 받을 때마다 나는 은수에게 너랑 헤어지라는 말을 입버릇처럼 했어. 우리 은수 어릴 적부터 못난 엄마 만나서 고생도 많이 하고, 아빠 없이 내 옆에서 너무 힘들게 자랐어. 나도 딸 가진 부모라서 어쩔 수가 없다. 미안해 재원아. 나는 내 딸이 조금 더 형편 나은 사람 만나서 시집갔으면 해."

"어머님."

눈앞이 아득했다. 그 순간, 가진 것 하나 없는 내가 원망스러웠다.

"재원아, 우리 은수 내일 만난다고? 4년 동안 은수 예뻐해 줘서 고맙다. 너도 알다시피 은수가 마음이 모질지가 못해서 먼저 헤어지자는 말 죽어도 못 꺼낼 거야. 재원아 정말 미안한데, 네가 먼저 그 말 좀 꺼내줄래? 난 너한테 이 말을 하고 나서 어쩌면 후회할지도 몰라."

무슨 말을 해야 좋을지 좀처럼 생각나지 않았다. 나도 모르는 사이 눈이 시뻘겋게 충혈 되어 있었다.

"어머님, 저 정말 좋아하셨잖아요. 싹싹하고 아들 같다고 내내 예뻐해 주셨잖아요. 조금만 더 기다려주세요 어머님. 저 좀 있으면 고시 합격도 하고 그럼 은수랑 하고 싶은 거 다 하면서 편하게 시작할 수 있어요. 어머님. 저 진짜 은수 없으면 못 살아요."

결국, 참았던 눈물을 터뜨리고 말았다. 설움에 북받쳐 눈물을 주체할 수가 없었다. 어머니는 내 말을 다 듣고 결국 흐느껴 우셨다.

"미안해, 재원아. 그동안 정말 고마웠다. 바빠서 먼저 끊을게."

나는 밤새 비좁은 고시원에서 이것밖에 되지 않는 나를 탓했다. 결국, 내가 힘들게 쌓아온 모든 게 한순간에 물거품이 되어 버렸다. 잠이 오지 않았다. 어머님과의 통화에 부쩍 생각이 많아졌다. 바로 잠들 수 없을 것 같아 몸을 일으켜 침대에 살짝 걸터앉았다. 나는 가방에서 지갑을 꺼냈다. 지갑을 열자, 그 안에는 지폐 대신 환하게 웃는 네 사진이 들어있었다. 네가 사준 지갑은 마치 내 자존심처럼 다 헤져 너덜너덜해졌다. 지갑 안에는 현금 한 푼 보이지 않았다. 가죽이 다 헤져 너덜너덜해진 지갑 사이로 삐죽 튀어나온 종이 하나가 보였다. 그건 다름 아닌, 공짜 커피 쿠폰이었다. 나는 그걸 내내 만지작거리며 고민하다가 가방 깊숙이 넣었다. 내게 자존심 같은 건 이미 사라진 지 오래였다.

 나는 밤새 고민했다. 너를 만나면 어떤 표정을 지어야 할까, 내가 과연 아무렇지 않은 척 웃을 수 있을까. 나도 모르게 네 앞에서 엉엉 울어버리면 어쩌지. 어머님께서 내게 부탁까지 하셨는데 내가 너를 꼭 붙잡고 싶어지면 어쩌지. 자고 일어나 대중교통을 이용하여 아침부터 몹시 분주하게 움직였다. 네가 보고 싶은 나머지 약속시간보다 1시간 반이나 일찍 나왔다. 나는 너보다 더 먼저 와서 카페 앞을 서성였다. 너를 만나기 전에 미리 미용실에 들러 머리 손질도 좀 하고, 꽃집에 들러 네가 좋아하는 수국과 데이지를 사서 너에게 안겨주고 싶었다. 하지만 내 지갑 속엔 만 원짜리 지폐 한 장 없었다. 너는 아침 일찍 준비하고 나온 모양이다. 카페 창가 통유리를 통해 네 옆모습이 살짝 엿보였다. 카페 안으로 들어가야 하는데 발길이 떨어지지 않았다. 그렇게 카페 근처를 서성이며 너를 가만히 바라보고 있었다. 사실 카페의 자동문을 꾹 눌러 너를 마주할 용기가 나지 않았다. 너는 오늘 정말 눈부시게 예뻤다. 평소의 흑갈색 긴 생머리가 아닌 드라이로 살짝 볼륨을 준 웨이브 머리. 아마 미용실에 들렀다가 오는 길인 것 같았다. 웨이브 머리 또한 너에게 정말 잘 어울렸다. 깔끔한 흰색 블라우스, 검은색 미니스커트, 구두 앞코가 광택이 나는 와인색 에나멜 구두까지. 언뜻 봐도 7센티는 넘어 보이는 그 구두를 신고 혹시 발목이 삐진 않을까 네가 오면서 넘어지진 않았을까 집에 돌아가는 길에 혹시 다치지는 않을까 하는 생각에 나는 네가 걱정됐다.
 나는 내내 긴장하고 있었다. 자동문을 꾹 누르고 들어가자마자 재빨리 긴장한 표정을 감췄다. 만약 진짜 내 속마음을 오늘 너에게 들키

기라도 한다면 나는 어머님과의 약속을 절대 지킬 수 없을 것 같았다.

"은수야, 많이 기다렸지 미안."

"아니야 나도 방금 왔어."

너는 내게 아니야 나도 방금 왔어, 라고 거짓말을 했다. 표정을 살피니 골똘히 생각에 잠겨 있는 듯했다.

"은수야. 은수야, 내가 몇 번이나 불렀는데 무슨 생각을 그렇게 골똘히 해? 뭐 시킬 거냐고. 오늘은 내가 살게 부담 갖지 말고 골라."

나는 너에게 커피 쿠폰 두 장을 내밀었다. 10개를 모으면 아메리카노 하나를 공짜로 준다는 그 쿠폰. 그 순간 한없이 작아지는 건 어쩔 수 없었다.

"미안해 재원아. 요즘 내가 생각할 게 좀 많아서 나 너랑 같은 거 차가운 거로."

나는 바로 일어나서 직원에게 다가가, "주문할게요. 차가운 아메리카노 두 잔이요"라고 말했다.

"자, 여기 우리 은수가 좋아하는 아메리카노. 그동안 잘 지냈어?"

최대한 밝게 웃으며 물었다.

"고마워 잘 마실게. 나야 뭐 똑같지 계속 야근하고."

"어쩐지 오늘 좀 피곤해 보인다 했어."

너는 나에게 화가 난 것 같았다. 솔직히 이유는 잘 모르겠다. 너는 긴 침묵을 깨고 내게 물었다.

"아픈 곳은 없고?"

나는 미소를 머금으며 대답했다.

"없어. 은수 너는?"

"나도 없어."

오랜만에 만난 우리의 대화가 나는 다소 형식적으로 느껴졌다.

"지난번에 반찬 잘 먹었어 고마워 총무님이 여자 친구한테 잘하래 너 같은 여자도 없다고."

너는 대답 대신 살짝 미소 지었다.

"은수야."

나는 나지막이 은수야, 하고 네 이름을 불렀다.

"응."

"나 너 많이 좋아해. 그거 알지?"

너는 조용히 고개를 끄덕이며 가만히 나를 응시했다.
어머님과의 약속을 지켜야 한다는 중압감에 벌써부터 맥이 풀리고 기운이 빠지는 것 같았다.

"은수야 우리 이십 대 중반에 만나서 벌써 삼십이네. 나한테도 꿈이 있었는데, 사법고시 합격해서 너랑 결혼하는 거."

너는 내게 바로 하면 되지, 라고 말했다.

"은수야. 예전에는 돈이 다가 아니라고 생각했는데 이젠 돈이 다인 것 같아. 내가 돈이 없어서 너랑 결혼도 꿈꿀 수가 없고. 너랑 살 방

한 칸 마련할 돈도 없고 내 현실이 지금 좀 힘들다."

너는 아무 말도 하지 못했고, 얼굴은 하얗게 변색 되어 있었다. 금세라도 눈물을 똑, 하고 흘릴 것만 같았다.

"은수야."

 나는 은수야, 하고 다시 너를 불렀다. 목이 메 다음 말이 쉽게 나오지 않았다.

"재원아, 제발 그만."

 너는 울먹이는 말투로 내게 말했다. 어쩌면 너는 이미 눈치채고 있던 건지도 모른다. 모름지기 우리에게 4년이란 시간은 그런 것이니까. 서로 말하지 않아도 눈빛만 스쳐도 서로가 지금 무슨 생각을 하고 있는지 우린 충분히 알 수 있었다.

"우리 이쯤 하자. 나는 너를 더는 행복하게 해줄 자신이 없어. 미안해."

나는 그 말을 꺼내고 속으로 내내 후회했다.

"누가 그래. 나 지금도 충분히 행복해. 나 너랑 절대 못 헤어져."

 네 눈가가 미세하게 떨렸다. 자존심 강한 너는 분명 속으로 울고 있는 게 틀림없다. 지금 나 또한 속으로 삭이고 내내 앓고 있듯이. 나는 그 자리에 계속 앉아있기가 힘들었다. 더는 네가 우는 모습을 보고 싶지 않았다.

"은수야, 그동안 못난 나를 사랑해줘서 고마웠어. 내가 월세 보증금이라도 마련할 수 있는 형편이었다면 내 자존심 같은 거 다 내려놓고 널 붙잡았을 거야. 정말 미안해 은수야."

너는 울면서 내 소맷자락을 꽉 붙잡았다. 네 자그마한 손이 파르르 떨렸다. 그리곤 나를 향해 가지 마 윤재원. 라고 소리쳤다.

"은수야, 네가 이러면 내 마음도 편치가 않아. 나도 정말 많이 고민하고 내린 결정이야 미안해."

네 두 손을 테이블 위에 살짝 내려놓았다. 나는 가방에서 남색 손수건을 꺼내 너에게 건넸다. 그리고 나서 카페를 황급히 빠져나왔다. 갑자기 빗방울이 하나둘씩 떨어졌다. 빗줄기는 점점 굵어졌고 너는 카페 안에서 엉엉 울고 있었다. 나는 네가 보지 못하게 카페 뒷문으로 살며시 들어갔다. 직원에게 다가가 저기 죄송한데요, 이 우산 저기 안쪽 창가에 울고 있는 여자분한테 좀 전해주세요, 라고 말했다. 직원은 나를 한참 쳐다보더니 네, 제가 잘 전달해드릴게요. 너무 걱정하지 마세요, 라고 말했다. 고개를 살짝 숙여 감사합니다, 라고 말하고 카페 문을 나서려는데 갓 구운 포춘 쿠키 판매합니다, 라는 문구가 눈에 띄었다.

"저기 포춘 쿠키 얼마예요?"

"제가 포춘 쿠키 개시한 지가 얼마 안 돼서 지금은 그냥 손님들께 서비스 차원에서 나눠 드리고 있어요. 커피랑 같이 맛보시라고 아직 가격을 따로 못 정하기도 했고. 여러 고객분들 입맛에 맞춰 만들어야 하기 때문에 아직은 얘도 테스트 중이에요 원하시면 하나 드릴까요?"

"아니요. 저는 괜찮아요. 죄송한데, 그럼 저 대신 창가 쪽 여자분한테 좀 전해주시겠어요?"

직원은 나를 보며 활짝 웃었다.

"네 그럴게요."

직원에게 고개를 숙여 감사 인사를 건네고 뒤돌아서서 가려는데, 직원은 "손님, 잠시만요."하고 나를 불러 세웠다.

"이 포춘 쿠키 고객님도 한 번 맛보세요."

직원은 나에게 포춘 쿠키를 건넸다.

"감사합니다."

내 목소리가 가느다랗게 떨렸다.

"비도 많이 오는데 고객님도 이거 쓰고 가세요."

직원은 나에게 검은색 우산을 건넸다. 우산 손잡이에는 카페의 이름이 가지런히 적혀있었다. 나는 직원이 준 우산을 펼쳐 간신히 소나기를 피할 수 있었다. 주머니 속에서 아까 직원에게 받은 포춘 쿠키를 꺼냈다. 내가 주머니에 살며시 넣어둔 포춘 쿠키는 금세 다 부서져 있었다. 부서진 포춘 쿠키의 틈 사이로, 기다란 종이가 보였다. 기다란 종이에 인쇄된 글자가 빗물에 조금 번져 있었다.

≪당신은 아직 테스트 중이에요. 그러니까, 너무 겁내지 마세요. 그렇게 골똘히 고민해봤자, 노화만 촉진 시킬 뿐이랍니다. 그냥 흘러가는 대로 두세요. 당신이 뭘 선택하던 그건 모두 당신 몫이에요.≫

포춘 쿠키의 문구가 마치 지금 내 상황을 대변해 주는 것 같았다. 나는 직원에게 받은 검은색 우산을 쓰고 카페 앞을 서성였다. 내가 받은 최고의 벌은 스스로 선택하지 않은 것으로부터 오는 엄청난 후회였다. 그래서 나는 이렇게 떠나가지 못하고 이곳에 남아 내 가슴 한편에 묵은 상처를 되풀이하고 있다.

나는 지금 이 순간을 뼈저리게 후회하고 있다. 네가 없는 앞으로의 나날들을 단 한 번도 상상해 본 적이 없다. 그래서 나는 지금 뼈저리게 후회하고 있다. *처음부터 끝까지 이 모든 게 내 선택이 아니었다. 그래서 나는 내내 후회한다.*

익숙함

사람들은 내게 말했다.
시간이 흐르면 흐를수록 사람은 다 변한다고

설렘이라는 아이는 딱 3개월로 시한부 선고를 받고
단팥이 빠진 단팥빵처럼 그렇게 밍밍해진다고

사람들의 예상과 달리 우린 시간이 흐르면 흐를수록
더 단단해졌고 오히려 애틋해졌다.

사골곰탕이 오래 끓이면 끓일수록 진하듯이
와인이 오래 숙성될수록 맛이 좋듯이
사람 또한 오래될수록 농이 익는 법이다.

이제 우린 처음처럼 찌릿찌릿한 감정은 아니지만
처음보다 더 깊고 풍부한 감정을 느낄 수 있게 됐다.

분명 우린 서로에게 익숙해진 것이 맞다.
하지만, 안일해지지는 않았다.

왜냐하면, 우린 매일매일 서로에게 감사하고 있기 때문이다.

삶

치수가 맞지 않는 구두를 신고 한참 걸었다.
이미 내 발은 물집이 다 터져 피투성이가 됐고
벌겋게 부어올라 더는 걸을 수가 없었다.

나는 갑작스레 눈물이 났다.
그 자리에 주저앉아 있는 힘껏 소리 내 울고 싶었다.

하지만 내겐 울 힘조차 남아 있지 않았다.
그래서 나는 이 악물고 버텼다.

그렇게 이리저리 치여 벌겋게 부어오른 내 마음이
지킬 수 없는 수많은 감정이
그 어떤 흔적도 없이 사라졌다.

우리는 딱 그만큼 아무렇지 않은 척, 무뎌진 척
내내 연기하며 살아가고 있는지도 모른다.

희영

수업을 마친 희영은 동하에게 다가가, 동하의 팔을 툭툭 친다.

"야, 김동하. 너 졸지 말고 제발 공부 좀 해. 만날 나보고 공책 빌려달라고 하지 말고. 그리고 나도 공부해야 하니까 내일까지 꼭 줘."

"고마워. 희영아, 근데 잠깐만. 나 너한테 할 말 있어."

동하는 다급한 목소리로 희영을 불러 세웠다.

"5분 안에 말해. 나 다음 수업 들으러 가야 해. 시간 얼마 없어."

희영의 태도는 도도하다 못해 몹시 까칠했다.

"희영아 나 2년 동안 너 많이 좋아했어. 우리 사귈래?"

동하는 천진난만한 미소를 띠며 부끄러운지 머리를 긁적이며 말했다.

"김동하 이건 그냥 못 들은 거로 할게. 그럼 나간다."

"희영아, 잠깐만 너 지금 그게 무슨 뜻이야?"

동하는 흥분한 목소리로 말했다.

"무슨 뜻이긴. 너한테 눈곱만큼의 관심도 없다는 얘기지. 나 좋아해 줘서 고마워. 김동하. 근데 그냥 좋아하기만 해. 나한테 그 이상 네 감정을 강요하진 마. 네가 날 좋아하는 건 네 자윤데, 내가 널 싫어하는 것도 내 자유야."

"내가 왜 싫은데?"

동하는 아무렇지 않은 척하며 희영을 향해 말했다.

"내가 너한테 싫은 이유까지 말해줘야 돼? 야, 빨리 비켜 나 수업 가야 해."

희영은 무표정한 얼굴로 말했다. 그녀는 뒷모습까지 내내 도도했다. 동하는 멀어지는 희영의 뒷모습에 대고 소리쳤다.

"내가 앞으로 너 계속 좋아할 거야. 나 생각보다 꽤 괜찮은 사람이거든. 너도 언젠간 내 진가를 알게 될 거야."

며칠 뒤, 동하는 희영에게 더 적극적으로 다가갔다.

"희영아 너 주말에 뭐해? 나랑 영화 보자."

"나 주말에 아르바이트 해서 바빠."

"그럼 다음 주말엔? 그때 우리 데이트하자."

"나 주말 내내 아르바이트 해. 학자금 대출 때문에."

"희영아, 너 진짜 얼굴만 예쁜 줄 알았더니 착실하기까지 하네. 나 그냥 너 계속 좋아할래. 너 그럼 아르바이트는 어디서 해?"

"요 앞 사거리 새로 생긴 화장품 가게."

희영은 귀찮다는 듯이 건성건성 대답했다. 동하는 며칠 뒤, 희영이 아르바이트하는 곳에 찾아갔다.

"저 여자 친구한테 선물할 건데요. 제가 화장품을 잘 몰라서 립밤이랑 핸드크림 촉촉한 거로 추천 좀 해주세요."

직원은 웃으며 동하에게 립밤과 핸드크림을 건넸다.

"아, 그럼 그걸로 주세요. 근데 혹시 오늘 여기 아르바이트생 아직 안 나왔나요?"

"어머, 희영이랑 아는 사이세요? 희영이 저기 오는데."

"아 망했다, 벌써 오면 안 되는데. 죄송한데, 포장 빨리해주세요."

동하는 다급한 목소리로 말했다. 그는 화장품이 들어있는 종이 가방을 희영에게 건넸고, 뒤도 돌아보지 않고 줄행랑쳤다. 동하가 건넨 종이가방에는 립밤과 핸드크림, 그리고 동하가 직접 쓴 메모가 함께 들어있었다.

"야, 김동하 너 이게 뭐야?"

"그거 내 마음. 그럼 나간다."

동하는 머리 위로 하트를 그리며 말했다. 희영은 당황해서 "야, 김동하. 너 거기 좀 서봐 대체 이게 뭔데."라고 동하를 불러 세웠지만 동하는 이미 멀리 가버린 후였다. 그 후로도 동하의 일방적인 구애는 계속됐다. 동하는 희영의 아르바이트 시간에 불쑥 찾아가, "안녕하세요, 저 또 왔어요."라고 밝게 인사했다.

희영을 뺀 나머지 아르바이트생 두 명과 직원에게는 커피를, 희영에게는 딸기 스무디를 건넸다.

"네 것만 딸기 주스. 너 커피 못 마시잖아."

"고마워 김동하. 근데 너 왜 내 남자 친구도 아니면서 남자 친구인 척 해? 너 어제도 화장품 사서 여자 친구 준다고 그랬다며? 근데 우리 아무 사이도 아니잖아."

"지금이야 그렇지. 근데 너 그건 모르는 거야. 우리가 지금은 아무 사이도 아니지만, 앞으로 내가 네 남자 친구가 될지, 남편이 될진."

동하는 희영의 눈을 직시하며 아주 당차게 말했다.

그로부터 10년이란 시간이 흘렀다. 희영은 자연스레 동하의 허벅지를 베고 소파에 누워있다. 동하는 희영과 함께 소파에 누워 사과를 한 입 베어 물고 함박웃음을 짓고 있다.

"근데, 자기야 10년이나 시간이 흘렀으니까 물어보는 건데 그때 나 정말 싫었어?"

동하는 희영의 입에 사과를 살포시 넣어주며 묻는다.

"응, 솔직히 처음엔 싫었어. 고백받고 싶다고 딱 거절했는데, 자기가 자꾸 들이대는 거야. 근데 언젠가부터 계속 내 앞에 나타나니까 신경 쓰이긴 했지. 그러다가 자기가 좀 다시 보이기도 했고."

희영은 동하가 집어준 사과를 아삭아삭 소리를 내며 복스럽게 베어 먹었다.

"예를 들면 어떤 점이?"

"그냥 너는 처음부터 끝까지 따뜻했어. 시간이 흐르면 서서히 변할

줄 알았는데, 그래도 너는 참 한결같더라."

동하는 일어나 앉아 희영을 슬며시 쳐다본다.

"왜 그렇게 봐?"

희영은 일어나 앉아 동하의 옆에 찰싹 붙어 묻는다.

"예뻐서."

"뭐야 예쁜 여자 처음 보냐? 새삼스럽게."

희영은 새침한 표정으로 말했다. 동하는 새침하게 말하는 희영을 보며 옛 생각이 나서 피식 웃음이 새어 나왔다. 얼마 지나지 않아 희영도 흰 이를 드러내며 활짝 웃었다. 거실 창문 사이로 아이보리색 커튼이 바람결에 펄럭이고, 햇볕이 살짝 들어 희영과 동하의 눈동자를 더 또렷하게 비춰 둘의 얼굴을 더 반짝이게 만든다. 첫 데이트에 꽃단장을 하고 나왔던 희영, 매일매일 아기를 보다가 피곤함에 찌들어 곤히 잠든 희영, 아이의 분유 자국이 선명하게 묻은 목 늘어난 티셔츠를 입은 희영, 동하에겐 여전히 아내 희영, 그녀가 아름답다. 결혼하기 전 연애 시절, 첫사랑이었던 그 모습 그대로.

동하와 희영은 나란히 천장을 보고 누워 책을 읽는다. 에쿠니 가오리의 에세이〈당신의 주말은 몇 개입니까 중〉오늘도 우리는 같은 장소에서 전혀 다른 풍경을 보고 있다. 생각해 보면 다른 풍경이기에 멋진 것이다. 사람이 사람을 만났을 때, 서로가 지니고 있는 다른 풍경에 끌리는 것이다. 그때까지 혼자서 쌓아 올린 풍경에.

동하와 희영은 책을 덮고 나란히 누워 서로의 얼굴을 마주 보며 말했다.

"여보, 이게 바로 작가가 말한 다른 풍경인 걸까."

무소유

어쩌면, 이 세상에 오직 내 것인 건
단 하나도 없는지도 모른다.

지금 마시고 있는 이 공기도
한결같이 나를 위로해주는 바람도

잔잔하게 들려오는 빗소리도,
지나칠 정도로 과분한 그들의 사랑도

내 손에 하나 들린 걸작(傑作)

　　　　　　밥을 먹으려고 냉장고에서 김치와 몇 가지 반찬을 꺼냈다. 냉장고 문 앞에 왠지 측은하게 딱 붙어있는 A4용지. 아빠가 내게 쓴 편지인 모양이다. 밥을 먹으려다가 말고 편지를 눈으로 쓱 읽어 내려갔다. 냉장고 문 앞에 측은하게 붙어있는 A4용지가 엄마 아빠가 이혼하던 날, 아빠의 소맷자락을 꼭 붙잡고 있던 내 처지 같아서 나는 괜스레 눈물이 났다.
　아빠의 편지가 중간쯤 다다랐을 때 내 울음소리는 입 밖으로 크게 새어 나왔다. 아빠의 마음을 모르는 건 아니지만 나는 아직도 그날의 트라우마로 악몽까지 꾼다. 그래서 아빠에게 더 살갑게 다가가지 못하는 것이다. 아빠의 편지에는 글자만 빼곡히 적혀있었다. 편지 내용은 아래와 같다.

　1년째 취업이 되지 않아서 매일매일 울고 집 밖으로 잘 나가려 하지 않는 널 보며 내 마음이 정말 찢어질 듯이 아팠어. 네가 태어나서 그렇게 많이 운 건 아마 두 번째였을 거야. 내가 너희 엄마와 각자의 길을 가기로 했던 그날, 10살밖에 되지 않았던 네가 내 소맷자락을 붙잡으며 이렇게 말했지. "아빠, 엄마랑 저랑 그냥 같이 살면 안 돼요? 아빠 그냥 저를 봐서라도 엄마 미워하지 않으시면 안 돼요?" 너는 나에게서 그 물음에 대한 어떤 답도 찾지 못하자 내내 서럽게 울었고, 나는 네 눈물을 닦아줄 수 없는 참 무능력한 아빠였단다. 태어나서 처음이었다. 너무나 앙증맞은 네 손이 나를 붙잡고 그렇게 간절히 부탁했던 건. 내내 서럽게 울던 너는 나와 살며 제 감정을 확실히 표현하지 못하는 아이로 자라게 됐고, 싫어도 싫은 내색 한 번 못하고 좋아도 갖고 싶다고 사달라고 조른 적이 단 한 번도 없었단다. 나는 그런 네가 너무 가여웠어. 이미 철이 들어 버린 듯한 네 모습에 하루하루 내 마음이 미어지게 아팠어.

아들아, 나는 못난 아빠라서 시간이 많이 흐르고 나서야 네 맘을 조금 헤아릴 수 있게 됐어. 어린 시절 바람이 난 아버지 때문에 우리를 가엾이 쳐다보다가 결국 울면서 이혼 도장을 찍던 돌아가신 내 어머니처럼. 너 또한 내가 필요했기에 더더욱 그 아픔과 상처가 배가 됐겠지. 너는 여전히 내가 미울지라도 나는 네 아버지니까 오늘은 꼭 용기 내어 내 마음을 전해야겠구나. 아들아 아빠가 정말 많이 미안해. 나 역시 상처가 많은 사람이라서 본의 아니게 너에게 상처를 안겨줬어. 내 맘은 그게 아니었는데…. 사실 나는 지금도 몹시 조심스럽단다, 내 말 한마디 한마디가 혹시나 너에게 상처를 줄까 봐. 아들아. 이렇게 말도 안 되게 속 한번 썩이지 않고 잘 자라줘서 정말 고맙다. 그런데 아들아, 너는 내 곁에서 늘 착하고 좋은 아들이 될 필요가 없단다. 네 인생은 네가 사는 거지 내가 아빠라고 해서 너에게 이렇게 살아라, 혹은 이렇게 살지 마라, 라고 말할 순 없는 거니까. 그러니까 네가 내 옆에서 늘 착하고 좋은 아들로 살며 더는 너 스스로 상처 입히지 않았으면 좋겠구나. 부디 네가 하고 싶은 일을 찾았으면 좋겠구나. 좀 나빠져도 좋으니 네 인생을 즐기며 살았으면 좋겠다. 너는 내가 세상에 태어나 빚은 것 중 가장 귀하고 소중하다. 지금 같은 취업난에 네가 얼마나 힘들지 사실 나조차도 가늠이 잘 안 되는구나. 하지만, 아들아! 우리는 가족이야. 난 네가 힘들 때나, 기쁠 때나 혹 너에게 무슨 일이 생겨도 널 떠나지 않고 언제나 너와 함께일 거야. 그러니깐 이제는 네 힘듦을 아빠에게 조금 덜어냈으면 좋겠다, 그리고 아들아 나도 그때는 너처럼 돈이 없어서, 취업이 잘 되지 않아서, 첫사랑이었던 여자 친구에게 매몰차게 차이고 정말 많이 힘들었단다. 그러니까 지금 당장 취업을 하지 않아도 괜찮아. 취업이 바로 되면 물론 좋겠지만 당장 취업이 안 된다고 해서 네가 무가치한 사람이 되는 건 아니잖아? 조금 달리 생각해보면 너는 다른 사람보다 더디게 가는 게 아니라 너대로 네 시간에 맞춰 천천히 움직이고 있는 거야. 너는 이제껏 대학 생활 4년, 군 생활 2년까지 뒤도 돌아보지 않고 내내 달리기만 하지 않았니? 아들아, 이제는 한 박자 느긋하게 걸어야 할 시기란다. 만약, 네가 내내 그렇게 앞만 보고 달리기만 한다면 네 몸과 마음은 금방 지치게 될 거야.

 아들아, 너는 너대로 많은 것들을 얻고 또 많은 것을 잃어가면서 이 자리까지 오지 않았니? 군대에 갔다가 복학을 하고 대학교 졸업을 하고 어렵사리 들어간 회사에서 네 나이는 아마 빠르면 스물여섯, 혹은 20대 후반쯤일 거야. 근데 너는 네가 그렇게 숨 막히게 달려온 이유를 아니? 만약, 그 이유를 내내 찾지 못하고 지금처럼 앞만 보고 달리기만 한다면 결국 넘어지거나 숨이 차서 쓰러질지도 몰라. 이건 정말 유감스러운 얘기지만 취업을 하고 결혼을 하기까지 긴 시간 동안 네가 계속 일만 하며 보내도 너는 네 아내와 살 전셋집 하나 얻기도 쉽지 않을 거야. 너도 잘 알겠지만, 서울에서는 전세방 하나 얻기도 참 벅차잖니. 그리고 참 축복 같은 일이지만 아이라도 생기면 요즘 말로 자동 ATM 기계가 된 것처럼 내내 일만 하고 살아야 한단다. 나는 지금껏 계속 그런 삶을 살아왔고 내 아들만큼은 그런 삶을 살지 않았으면 좋겠구나. 너는 너대로 하고 싶은 일을 찾아 네 삶의 방향과 목적이 뭔지 내내 고민하고, 또 고민해서 너만의 길을 만들어 나갔으면 좋겠다. 아들아 앞서 말했듯이, 취업이 결코 다는 아니야. 취업해도 잘 적응하지 못해서 회사를 금세 옮기고 좌절하는 친구들을 많이 봤거든.

 아들아, 너는 지금껏 정말 잘해왔단다. 이토록 빠르게 달려온 네 소중한 시간을 잠시 한 박자 쉰다고 해서 네 삶이 무너지는 건 아니야. 그러니까 이제 그만 울고, 일어나! 네가 선택한 소중한 시간에, 네 삶에 후회하지 않을 밑그림을 그렸으면 좋겠다. 앞으로는 너에게 더 행복한 일만 기다리고 있을 거야. 아빠는 늘 같은 자리에서 널 응원하고 있을게. 그리고 아들아 아빠 아들로 태어나줘서 정말 고마워.

2008. 10. 09
사랑한다. 아빠가

냉장고에 아주 가엾이 꼭 붙어있는 A4용지는 더는 그냥 편지가 아니었다. 무뚝뚝하고 서툴지만 정말 용기 있는 한 남자의 진심 어린 고백이었다. A4용지 옆에는 너덜너덜한 은행 봉투가 함께 붙어 있었다. 나는 그 봉투를 열어 보지 않아도 충분히 느낄 수 있었다. 아빠가 나를 얼마나 생각하는지, 그동안 얼마나 죄책감에 시달리며 사셨는지를.

돈이 죄고

네가 갖고 싶은 노트북, 예쁜 옷, 해외여행
그래, 돈 있으면 갖고 싶은 거 고민 안 하고 다 할 수 있지.

근데 지금 네 옆에 있는 소중한 사람과의 시간
그거 과연 돈으로 살 수 있을까?

돈이 최고?
아니, 돈이 죄고

세상에서 가장 대단한 것

너무 착하게 살지 마.
나사 하나가 빠진 것처럼 혹 미친 것처럼
내내 참고 견뎌내야 할 때가 있어.

너무 힘 빼고 살지 마.
뭔가에 내내 홀린 듯이 이유도 잘 모르면서

지금보다 더 대단해지려고 애쓰지 마.
넌 이미 대단해.

세상에서 가장 대단한 건
네가 이 세상에 태어났다는 거야.

그 중요한 사실을 절대 잊지 마.

인생의 맛

우리 인생은 청양고추 팍팍 쓸어 넣은 콩나물국보다 더 얼큰하고 고추냉이 가득 넣은 초밥보다 더 맵고 강렬하다.

때론, 화상이 입을 정도로 아주 뜨겁기도 하고

그래서일까, 우리가 매일 밤 아무도 모르게
빨간약을 흥건하게 바르는 까닭

우울

때때로 그럴 때가 있다.
낭떠러지에 서 있는 것처럼 눈앞이 아득할 때

각본이 있는 드라마, 영화와는 다르게 내 현실은
좀처럼 나아질 기미가 보이지 않을 때
내내 반복해도 내 상황은 달라지지 않을 때

그럴 때, 우리는 또 다른 나를 만난다.
유감스럽게도 우리는 그것을 우울이라고 일컫는다.

적당한 우울은 우릴 더 견고하게 만들지만
넘치는 우울은 우릴 고립시킨다.

그러므로 그 안에서 빨리 빠져나와야 한다.

집어삼킬 듯한 우울을 깨고
나오면 비로소 보인다.

오늘 하루, 스스로 얼마나 애썼는지.
그동안 내가 얼마나 열심히 살아냈는지.

좋은 사람

널 만나는 내내
내 마음속 가시 수만 개가 날 따라다니며 괴롭혔어.

근데 참 신기한 게 널 만날 때마다
우주만 한 내 상처가 다 치유되는 것 같더라.

이런 내가 널 좋아해도 될까
이런 내가 너에게 더 가까이 다가가도 될까.

나는 매일 밤, 수없이 고민했어.

너는 영하권의 내내 얼어 붙어있는 내 마음을
단시간에 녹인 따뜻한 사람이었어.

네가 좋은 사람이라서 나는 너에게
더 가까이 다가갈 수가 없었어.

내 상처로 인해 너에게 상처를 줄까 두려웠거든.

좀 더 솔직하게 말하면 내게 부메랑처럼
돌아올 그 상처가 나는 너무 무서웠어.

나는 아마 밤마다 후회할 거야.
널 많이 좋아해, 라고 내 마음을 솔직하게
표현조차 하지 못했으니까.

그래도 나는 내 인생에 너라는
때가 있어서 정말 행복했어.

내일

다음에 해야지, 하고 미루고 미뤘던 일
막연히 하고 싶다고 꿈만 꿨던 일

옹기종기 둘러앉아 가족과 함께하는 저녁 식사
사랑해, 라는 말 한마디

어쩌면, 당신이 내내 머릿속으로 그리고 있는
아직 실천조차 하지 못한 수많은 일들

만약, 당신이 매일매일 할 일을 미루기만 한다면
당신에게 내일은 없습니다.

만약, 당신이 현재의 삶에 불평불만만 늘어놓는다면
당신에게 내일은 없습니다.

만약, 당신이 오늘을 잘 살아내지 않는다면
당신에게 내일은 없습니다.

흘러가지 못한 과거만 당신 옆에
지독히 곯아 있을 뿐.

녹아

"너 왜 이렇게 예뻐?"
"인형이 어떻게 말을 해?"
너는 다소 낯간지럽게 나를 지그시 바라보며 말했다.

너는 내게 매번 사탕발림 말을 잔뜩 늘어놓았고
나는 그 사실을 다 알면서도 눈 감았다.

내 눈에 완벽히 보이는 그 사실을 내내 묵인할 만큼
나는 네가 좋았으니까.

근데 네 말이 어찌나 달던지
깜빡하면 진짤 줄 알고 속을 뻔했지 뭐야?

찐득찐득 흘러넘치는 설탕물 사이에
그 순간 내 마음도 다 녹아 흘러내렸지.

매일매일 내 귓가에 속삭이던 사랑해, 라는 말도
나를 보는 내내 따스했던 그 눈빛도

부드럽게 내 머리카락을 넘기던 그 손길도
한순간에 다 녹아.

자연스레

코끝 시린 한겨울에 찬 바람이 불수록
나날이 사람들의 겉옷이 두툼해지듯이

비가 내리면 사람들이 제일 먼저 우산부터 찾듯이
나는 내 마음에 소나기가 내리면 제일 먼저 너부터 찾아.

한계

한계라고 생각할 때 한 개 뛰어넘어

그럼 네 한계는 서서히 멀어지고
그때부터 한 개 시작이야.

이별 후

날이 밝았다.

하지만, 내 시야는 온통 뿌옜다.
숨이 제대로 쉬어지지 않았다.

하늘이 노랬다가, 하얬다가
또 노랬다가 하얘졌다.

마치, 안개가 자욱한 터널을 혼자 지나가는 것처럼
내내 눈앞이 캄캄했다.

이해

누군가에게 이해받기를 원한다면
제일 먼저 나 자신을 분명하게 이해해야 한다.

만약, 스스로 이해되지 않는다면
그 무엇보다 자신을 이해하기 위해 부단히 노력해야 한다.

인간관계에서 타인의 말에 경청하고
타인을 이해하는 건 정말 좋은 습관이다.

하지만 사람과 사람 사이에서 그보다 더 중요한 건
제일 먼저 자신을 되돌아보고 이해할 줄 아는 것이다.

자존감 도둑

"엄마 친구 딸은 해외여행 보내줬다는데 넌 언제 보내줄래?"
"엄마 친구 아들은 이번에 졸업하고 대기업 들어갔다더라? 넌 언제 졸업하고 엄마 아빠 용돈 줄래?"
"넌 만날 그렇게 쓸데없는 짓만 하고 매번 느려…. 다른 사람 보다 뒤처지잖아."
"누난 집에서 하는 일도 없이 밥만 축내고 대체 뭐해?"
"누나 돈 안 벌어?"
"너 이제 나이도 많은데 누가 써줘?"
"야, 네가 그걸 어떻게 해? 넌 못해."
"야, 빨리 좀 해!! 왜 이렇게 느려 터졌어?"
"빨리하라고 빨리. 신속, 정확하게."
"너 그래서 어디 밥 먹고 살겠니?"
"네가 하는 일이 다 그렇지 뭐."
"야, 됐어 너 그냥 하지 마 내가 할게. 어차피 너 할 줄도 모르잖아."
"네가 계속 실수하니까 내가 네가 싼 똥 치우잖아. 너 신입이면 다야?"
"아니 모르면 모른다고 하던가. 남들은 다 잘하는데 넌 대체 왜 그래?"
"야, 모르면 청소라도 해. 쓰레기랑 쓰레기통이랑 네 몸이 그냥 한 몸이라고 생각해."
"나 때는 이유 불문하고 야근해도 찍소리도 안 했어. 선배들 야근하면 그냥 다 남아서 우르르 야근하고 선배들 심부름하면서 뭐라도 배우고 싶어서."

자, 위의 문장을 꼼꼼히 다 읽으셨나요?

그럼 이제부터 본인이 느낀 감정을 아래에
빠짐없이 다 적어보세요.

아, 당신은 이런 감정을 느끼셨군요.
그런데 당신은 여기서 가장 중요한 사실을 잊으셨네요?

처음부터 당신은 뭐든 잘 해낼 능력이 있었고
긍정적인 에너지와 높은 자존감을 가진 그런 멋진 사람이었어요.

그런데 그런 당신이 뜻하지 않게
자존감 도둑을 만나게 된 거예요.

살다가 정말 뜻하지 않게
자존감 도둑을 또 만나게 된다면
꼭 기억하세요.

당신은 세상에 단 하나뿐인 멋진 사람입니다.

실패

실패가 성공의 어머니일 수 있는 이유는
우리는 실패를 통해 수없이 좌절하면서

훗날의 미래에는 절대 그러지 않을
경험과 용기를 배우기 때문이다.

따끔하게 아파본 우리는 실패가 실패로만 끝나지 않는
신기한 경험을 하게 되는데, 우리는 이것을 연륜이라고 부른다.

과거의 실패는 종종 우리에게
다양한 경험과 깨우침을 가져다주면서
우리를 업그레이드시킨다.

절대 실패가 실패로만 끝나지 않도록.

관계

마음속 겹겹이 쌓인 고드름을 녹여 벽을 허무는
절대 벽을 깬다거나, 부스는 게 아닌

마음과 마음이 만나
서로의 체온으로 살살 녹이는

이별

혼자 밥을 먹고
혼자 길을 걷고
혼자 주말을 보내고

너와 함께 했던 곳을 혼자 스쳐 지나가고
혼자 감당해야 할 일들이 점점 늘어나는

낭비

서운함이 쌓여 어렵게 내 마음을 비쳤을 때
더는 달라지지 않는 널 보며 나는 내내 후회했다.

어차피 달라지지 않을 걸
우리는 왜 이토록 감정 낭비한 걸까?

반응

만약 내 입에서 그만두자는 말이 튀어나왔을 때
네가 내게 "너 갑자기 왜 그러는데?"라고
말하지 않았더라면 우린 지금쯤 함께일까?

나는 갑자기가 아니라 네 변해버린 말투, 행동
하나하나에 반응하고 있었던 거야.

매일 밤, 혼자 울고 해가 뜰 때까지
수없이 고민하면서.

세상에서 가장 가벼운 것

깃털보다 가벼운 혀
깃털보다 가벼운 여자 친구 몸무게
깃털보다 가벼운 사람 마음

그래서 가벼운 건 늘 경계해야 하고
지퍼처럼 활짝 열려있는 네 입은 내내 다스려야 하고.

붙이지 못할 편지

안녕, 참 오랜만이다. 우리 한 4년만인가
너무 오랜만이라서 무슨 말부터 꺼내야 할지 잘 모르겠다.

내가 편지를 쓰면서 내내 곰곰이 생각해봤는데
나한테 넌 이런 사람이었어.

매일매일 재지 않고 사랑해, 라는 말을 내 귓가에 속삭이던 사람
자상하고 배려심이 깊은 사람

정말 미련 할 만큼 나밖에 모르던 사람
열 일 다 제치고 늘 나에게 먼저 달려와 줬던 사람

그동안 나를 아껴줘서 정말 고마워.

새로 사귄 여자 친구랑 정말 잘 어울리더라.
네가 진심으로 행복하길 바라.

요즘 날씨가 꽤 쌀쌀하던데 감기 조심하고
그럼 진짜 안녕. 행복해야 해.

내내

내 마음은 전혀 그렇지가 않은데
나도 모르는 사이 마음과 다른 말이 툭 튀어나올 때
우리는 종종 속마음에 거짓 커튼을 치곤 한다.

다른 사람의 마음에 맞춰 주느라
내 마음을 애써 모르는 체하며 살아가는 것이다.

때론, 다른 사람에게 상처 주기 싫어서
내내 배려했던 것이 오히려 내게 상처로 돌아온다.

그 부메랑 같은 상처가 돌고 돌아
내 마음에 가시처럼 단단히 꽂혀

좀처럼 나갈 생각을 않는다.

my self

살면서 스스로 한계를 뛰어넘지 않으면
이 세상 모든 게 다 적이 된다.

살면서 스스로 믿지 않으면
이 세상 그 누구도 나를 믿어주지 않는다.

생채기

너무 많은 것을 기대하지 말 것
너무 많은 것을 의존하지 말 것

당신이 기대하고 의존한 그만큼
마음에 검붉은 생채기가 깊게 팰 수 있으니

너무 많은 것을 고민하지 말 것

당신이 고민하는 그 순간
이제 더는 시간도 당신 편이 아니기에.

찰나의 순간

더는 저에게 상처를 준 그 모든 순간을 원망하지 않습니다.
그 덕에 저는 찰나의 순간을 아주 잘 버텨내고 있으니까요.

이 삶을 다시 버텨낼 힘을 준 지난 상처와 당신에게
내내 감사하며 살겠습니다.

마치, 전기에 감전된 것처럼 찌릿찌릿

꽤 아릿한 상처와 당신 덕에
저는 벌써 이만큼이나 왔으니까요.

머지않아

매일 밤, 아무도 모르게 흘린 당신의 값진 땀과 눈물
머지않아 당신에게도 그 열정만큼 찬란한 순간이.

매일 밤, 모두가 잠든 사이 밤새 불 켜져 있는 당신의 방
머지않아 당신에게도 그 노력만큼 달콤한 결실이.

청춘

20대의 인생은 눈 깜짝할 사이
지나 가버리는 ktx와 같다.

하지만 나는 네가 순식간에 지나 가버리는 ktx가 아닌
조금 느리고, 불편한 무궁화호이길 간절히 바란다.

어여쁜 내 청춘아
지금 당장 조금 더 앞서 나간다고 해서
꼭 좋은 것만은 아니란다.

어여쁜 내 청춘아
나는 네가 조금 천천히 나아갔으면 좋겠다.

연극이 끝난 뒤

7년 전, 내가 대학생 때 만났던 한 남자는 내게 이렇게 말했다.

"여자가 여자다워야지", "여자가 먼저 안겨야지."
"여자가 애교가 있어야지"라는 말도 안 되는 얘기들.

나는 많은 것을 바라며 나를 바꾸려고 했던 그 사람 때문에
그 사람을 만나는 내내, 매번 그런 척하며 나 자신을 숨겼다.

몇 년 후, 연극 같던 우리 관계가 끝이 나고
나는 비로소 알게 됐다.

진짜 내 모습은 연기가 불가능하고
나는 그저 있는 그대로 사랑스럽다는 걸.

외로움

매미는 왜 그렇게 슬프게 울까?
새벽에 고양이는 왜 그렇게 슬프게 야옹, 하고 우짖는 걸까?

"날 좀 봐줘, 날 좀 좋아해 줘"라고
암컷을 향해 신호를 보내는 게 아닐까.

생각해보면 동물이나
사람이나 별반 다를 바가 없다.

크리스마스가 되면 화려한 색색들의 간판 사이로
길거리에 수없이 보이는 그들은 그곳에 옹기종기 모여
밤새 부어라 마셔라 하며 초록색 병을 아주 거세게 부딪친다.

행복

지금 당장 거울 앞에 서보세요.
그리고 활짝, 미소 지어보세요.

그 순간, 당신이 머물던 그 공기에
행복이란 향기가 벚꽃처럼 만개할 테니.

고비

봄, 여름 가을이 지나고
코끝 시린 계절이 온 것

추운 겨울이 지나면
봄은 또다시 오는 것

삶

불편한 다리 때문에 거동조차 힘들지만
장애를 탓하지 않고 하루하루 할 수 있는 일에 최선을 다하는

원인 모를 두통과 밤새 시달리는 불면증
집어삼키는 약만 수십 개

매일 밤, 자신을 향해 괜찮아, 라고 위로해보지만
어느새 촉촉이 젖어있는 눈망울

아침마다 매일 오래달리기를 하고
독한 항생제를 집어삼키는

내내 그렇게
이 악물고 아등바등

내내 그렇게
꾹 참고 다시 일어서야만 하는

사랑의 시작은 나를 사랑하는 것부터

사랑받기를 원한다면 이렇게 해보세요.

상대방을 가치 있게 생각하는 만큼 '나' 자신을 믿기
상대방을 사랑하는 만큼 '나' 자신을 더 사랑하고 소중히 여기기

서툴지만, 마음을 표현하는 가장 좋은 방법은
'나' 자신에게 반복해서 고마워 미안해 사랑해, 라고
있는 그대로 솔직하게 표현하는 것이니까요.

상대방에게 사랑해, 라고 말하기 전에
'나' 자신에게 반복해서 고마워 미안해 사랑해, 라고
있는 그대로 솔직하게 표현하는 것이 바로 사랑의 시초에요.

모순

우리는 살면서
늘 타인과 같기를 바라고

우리는 살면서
늘 타인과 같아질까 겁낸다.

현실

내가 구제 불능인 걸까
네가 잡히지 않는 걸까

내가 물러 터진 걸까
네가 잔인한 걸까

내가 부족한 걸까
네가 가혹한 걸까

살포시

별거 아닌 네 말 한마디에 내 심장이 쿵
바닥끝까지 추락한다.

나는 네 말투와 표정이 조금이라도 변하면
너에게 내색 한번 못하고 속으로 살포시 울곤 했다.

요리조리

내가 네 마음을 요리조리 요리하면
너는 내 곁으로 다가와 내 마음을 요리조리 요리해.

매운맛, 짠맛, 신맛, 단맛 등 여러 가지 맛이
잘 어우러져 서로의 혀끝을 자극해,

어떻게 하면 우리가 함께 만든 이 음식이 더 돋보일 수 있을까
어떻게 하면 이 음식을 정성껏 맛보고 잘 느낄 수 있을까

우리는 모든 신경을 거기에 집중해.

지금 내가 마시고 있는 복숭아 주스는 정말 달아
"음, 달고, 달고, 와…. 엄청나."

두 볼이 순홍빛이 된 너는 내게 물었어.
"나도 복숭아 주스 정말 좋아하는데, 나 네 것 맛봐도 돼?"

나는 조용히 고개를 끄덕였고,
너는 내 복숭아 주스를 소중하다는 듯이

두 손으로 살포시 잡고 긴 빨대에 꽂아 천천히 들이켰어.

"와 달다…. 진짜 최고야."

그러고 나서, 너는 웃으며 생당근을 곱게 갈아 내게 건넸어.
"자, 이건 내 것. 내 것도 맛봐. 당근 처음이면 이게 생당근보단 훨씬 나을 거야."

나는 당근 주스를 입에 대고 오물거리며 천천히 음미했어.
미묘한 맛이라서 뭐라고 표현해야 좋을지 몰라
나는 내내 고민 중이었고

너는 당근 주스를 내 눈앞에 가져와서
한 방울도 남김없이 모두 마셨어.
옆에서 내가 "이번에 만든 당근 주스는 맛이 어때?"라고 묻자
너는 당근처럼 붉은 얼굴로 내게 대답했어.
"음…. 당근, 당근, 당근 맛있어…."

너는 당근 주스와 예쁜 접시에 가지런히 담긴
복숭아를 가져와서 내게 말했어.

"당근 주스랑 이 복숭아 갈아서 우리 같이 먹자."
나는 흔쾌히 고개를 끄덕였어.

그리고 나서, 너는 한 손엔 긴 빨대가 꼽힌
투명 유리잔에 담긴 당근 주스를

또 다른 손엔 언뜻 보아도 감촉이 보드라워 보이는
잘 익은 복숭아 하나를 집어 들고 내게 물었어.

"자기, 주스 한 번 더 먹을래?"

한순간

내내 반복되는 상황에 지쳐 널 놓아버렸던
그 순간, 나는 아무 말도 할 수 없었다.

어느새, 모래성처럼 차곡차곡 쌓아둔 감정이
내 마음 깊숙이 가시를 냈고

두툼한 솜이불 같던 우리 관계는
얇은 종이보다 못한 사이가 됐다.

말도 없이

말도 없이 내 곁을 훌쩍 떠난
그대가 나는 밉지 않습니다.

숱한 밤을 지새우며 내내 앓았고
여전히 가슴 시리지만

말도 없이 내 곁을 떠난
그대가 행복하다면 나는 괜찮습니다.

그대가 없는 이 고요한 새벽
나 홀로 짙게 피어난 미련
모두 내 혀끝으로 삼키겠습니다.

내 가슴에 영영 묻어버린 당신
부디 행복하시길

눈으로 말해요

너는 내가 코 고는 모습도, 입을 헤 벌리고 자는 모습도
귀여워 어쩔 줄 몰라 했다.

마치 첫 조카를 보는 삼촌처럼
네 눈에는 사랑스러움이 한껏 묻어 있었고

그저 닿을까, 닳을까
너는 내내 나를 쳐다보기만 했다.

그 순간, 네 눈빛이 나를 향해 말했다.

"사랑해."

그대로

참 슬프지만 매일 밤, 내가 손꼽아 기다리는 것은
내게 그대로 오지 않는다.

참 슬프지만, 그때 그 시절, 나와 함께 웃음 짓던
그들은 내게 그대로 오지 않는다.

그저 공기가 되어
그곳에 내내 남아 있을 뿐

알 수 없는 인생

갑작스러운 소나기에 비를 채 피하지 못해 혼자 걷고 있을 때
뜻밖의 누군가가 내게 우산을 건네주기도 하고

내게 진심이라고 생각해서 어렵게 다가간 사람이
내게 마음이 아닌 가시를 꼿꼿이 세우기도 하고

앞에서는 내내 환하게 웃다가
뒤에서는 가식이라는 가면을 홱 벗어 던진 채
내 뒤로 총을 겨누거나, 칼을 꽂기도 하고

인생, 참 알 수 없다.

8282

매사 빠른 것을 경계하세요.

어쩌면, 빠르다는 것은 앞으로 얼마나 더 변할지 아무도 예측할 수 없다는 말과 같은 말이니까요.

당신의 직업은 뭐예요?

나는 이제 막 대학교를 졸업했고, 취업준비생이자 매일매일 부지런히 움직이며 하고 싶은 일을 하는 사람이다. 내 키는 190cm, 이름은 최완. 내 키를 보고 주변 사람들은 농구선수나 모델을 하는 것이 어떻겠냐고 권한다. 하지만 그것 또한 퍽 모르는 소리다. 농구선수나 모델처럼 자기관리에 내내 집중해야 하는 삶도 꽤 피곤하다는 것을, 사람들은 겉만 보고 화려하고, 빛나는 삶을 부러워한다. 하지만 빛나는 그 무언가가 되려면 하루하루 살이 깎여 내려가는 고통과 인내, 그리고 눈물로 하루하루 버텨야 한다는 걸 사람들은 간과하고 있는 것이다.

나는 매일매일 아침에 일어나자마자 집 근처 한강을 삥 돌아, 산책하는 걸 시작으로 그날 하루를 시작한다. 매일매일, 단 하루도 거르지 않고 말이다. 작가는 체력이 생명이라고 유명 소설가이자, 돌아가신 나의 할아버지와 엄마께선 늘 입버릇처럼 말씀하셨다. 집으로 돌아오면 나는 땀으로 젖은 티셔츠를 훌러덩 벗고 콧노래를 부르며 샤워를 한다. 샤워를 마치면 나는 밥과 찌개를 데워 아침 겸 점심을 먹고, 식사를 마친 후엔 스트레칭을 한 후 늘 그랬듯이 하고 싶은 일을 한다. 여기서 내가 말하는 하고 싶은 일이란, 그 누구의 눈치도 보지 않고 본인의 가슴을 뛰게 하는 일을 말한다.

 그 일이 나에게는 바로 글쓰기다. 매일매일 빡빡하게 짜인 일정과 함께 시작하는 내 삶은 정말 상상을 초월할 정도로 피곤하지만 그만큼 뿌듯하기도 하고 정말 행복하다. 취업준비생에, 아르바이트 두 개에, 꽤 분주한 삶을 사는 나는 또 한 개의 직업이 있다. 그건 바로 작가 지망생이다. 당장은 인터넷 사이트에 소설을 연재하고, 혼자 습작을 하고 아르바이트를 하는 것이 전부지만 그래도 나는 지금 반짝반짝 빛날 준비를 아주 차근차근 하고 있지 않은가? 엄마는 살아생전에 내게 이렇게 말씀하셨다.

 "완아, 엄마가 어느 유명 점집에 기서 물어보니까 네 사주가 젊을 때는 지독히 힘들어도 노년에는 아주 큰 부와 명예를 누리며 너보다 어려운 사람들에게 그 덕을 많이 베풀고 살 거래."

 물론, 나는 사주를 완전히 맹신하는 것이 아니다. 하지만 엄마의 말씀은 지쳐있는 나에게 "완아 힘내, 잘 될 거야."라는 그 어떤 말 보다 더 크나큰 효력을 줬다. 지쳐있는 나를 다시 보듬으며 할 수 있다고 일으켜 세울 용기. 나는 엄마의 말처럼, 언젠가는 나도 잘 될 거라는 걸 믿어 의심치 않는다. 하지만 아주 가끔, 매일매일 빡빡하게 짜인 내 삶에 회의감이 들 때, 혹은 나 자신도 감당하기 힘들 정도로 나태해질 때, 내 인생에 권태감이 파도처럼 밀려올 때. 그럴 때, 나는 데는 아르바이트 두 개에, 취업준비생이 아닌 오로지 본업인 작가로만 생계를 유지하게 될 그 순간을 아주 구체적으로 상상한다. 아마, 그때가 되면 나는 지금보다 더 막중한 책임감을 느끼고 통찰력을 벗 삼아 글을 쓰고 있을지도 모른다. 매일 아침 이렇게 부지런히 움직이며 나 자신과 싸움을 하는 내가 가끔은 가엾고 또 가끔은 내 뜻대로 되지 않아서 절망스럽지만 그래도 여기까지 온 나에게 엄지손가락 추켜세워 말해주고 싶다.

"최완, 너 진짜 멋있어. 순간순간 집중하고 늘 배워나가는 너. 항상 열심히 하는 최완! 네가 최고야 인마."

매일 이렇게 하루는 나를 칭찬하고, 또 하루는 아주 매섭게 나를 채찍질한다. 지금처럼 하고 싶은 일을 하며 사는 것. 어쩌면 지금 내 삶은 그 누군가에게는 그저 부러운 일일지도 모른다. 하지만 하루하루 원하는 방향대로 흘러가지 않는 인생을 부여잡고 나 또한 내내 울기도 하고, 또 웃기도 한다. 꼬박 밤을 새워 작업하며 노트북에서 나오는 불빛에 내내 눈이 시려 눈물이 나고, 때론 손가락 마디마디가 시리고, 손목과 어깨가 내내 찌릿찌릿하고, 목과 허리에 꼿꼿이 힘을 줄 수조차 없을 정도로 욱신거리고, 마치 내 살이 다 깎이고 뼈가 으스러지는 듯한 아주 고통스러운 경험일지라도 나는 지금, 이 순간 분명하게 얘기할 수 있다. 글쓰기는 내가 가장 행복해하는 일이자, 다른 곳에 신경을 쏟지 않고 오로지 나 자신에만 집중 할 수 있는 그런 시간이다.

세상에서 가장 행복한 얼굴로, "지금 너무 행복하다 완아."라고 분명하게 말할 수 있는 내 심장이 제일 먼저 반응하는 일이다. 오늘도 나는 아침 일찍 일어나 한강을 산책하는 것을 시작으로 미지근한 물로 샤워하고 스트레칭 후에 하고 싶은 일을 한다. 매일매일 이렇게 유난스럽게 부지런히 움직이며 하고 싶은 일을 하는 것. 그게 내 삶의 목표이자 행복이니까.

 나는 매일매일 내 삶이 마지막인 것처럼 이 롤러코스터 같은 인생을 즐기며 좋은 글을 쓰기 위해 매일 밤 나와의 싸움을 이어 나가고 있다. 하지만 현실은 시궁창이 따로 없다. 취업준비생, 아르바이트 두 개에, 작가 지망생. 나는 지금 당장 내가 그 무언가가 되지 않아도 괜찮다. 여전히 여러 개의 직업을 가진, 꽤 분주한 삶을 사는 글쓰기가 주가 아닌 객이라고 해도 나는 정말 괜찮다. 꽤 사랑스러운 눈빛으로 "완아, 사랑해…."라고 매일매일 소리 내어 말하며 나는 지금도 충분히 빛나고 있다. 하고 싶은 일을 마음껏 즐기면서. 누군가가 나에게 당신의 직업이 뭐예요? 라고 묻는다면, 나는 이제 자신 있게 말할 수 있을 것 같다.

 "나는 남의 눈치 보지 않고, 하고 싶은 일을 하는 사람입니다."
 그리고 나는 이 질문을 던진 그들에게 이렇게 되물을 것이다.
 "지금, 이 순간 당신은 하고 싶은 일을 하며 행복하세요?"

Thanks to

매일매일 싸우고, 지지고 볶지만 그래도 가족!
(+우리 집 막내 방울이)
둘도 없는 내 절친 송이, 허당 지현이, 만날 때마다 명쾌한 성희 언니, 현아 언니, 사랑스러운 내 멘티 윤주, 그리고 늘 고마운 예지, 내가 아끼는 석희, 가끔 오래 보고 싶은 예은이.
늘 식구처럼 챙겨주시는 고민 상담소 대표님(이자) 오빠, 책을 낼 수 있도록 도와준 출판사 문득 모두 고맙습니다.

그리고 여전히 사랑하는 내 사람 많이 고맙습니다.
끝으로, 이승현 씨. 책 예쁘게 나온 거 잘 보고 있죠? 내내 고생 많았고, 슬럼프가 찾아와도 아이디어가 자판기처럼 뚝딱하고 샘솟지 않아도, 끝까지 포기하지 않고 함께 해줘서 정말 고마워요.

p.s 지금은 곁에 안 계시지만 10살 무렵, 제 편지를 받고 너는 어떻게 그렇게 글을 잘 쓰니? 라고 매번 칭찬해주셨던 (증조) 할머니, 칭찬보다는 많은 꾸지람을 받았던 명랑 소녀였던 저에게 그 칭찬은 매일매일 활력소가 돼주었습니다.
덕분에 저는 포기하지 않고, 여전히 펜대를 잡고 있습니다.

에필로그

별일 없이 살기를 기대하는 당신에게

끝까지 포기하지 않고 문을 두드리면 당신의 별일 있는 나날들이 시작됩니다. 덧붙여 독자분들께 꼭 하고 싶은 말이 있습니다. 지금 가는 그 길이 어떤 길인지는 저도 모르고 당신도 모를 것입니다.

하지만 분명한 건 그 길의 끝은 분명히 있다는 것입니다. 지금 가고자 하는 그 길이 구불구불하고, 험난할지라도 끝까지 가세요.

지금 당장은 느리더라도 끝까지 하면 됩니다.

달달한 밤, 별일 없이 살기를 늘 기원합니다.